JN130602

全共闘、1968年の愉快な叛《はん》乱《らん》

三橋俊明 著

もくじ◉全共闘、1968年の愉快な反乱

第三章　日大全共闘というスタイル

序章◉

全共闘に「成」るということ

［１］

1968年、各地の大学で学生が全共闘（全学共闘会議）を結成して要求を掲げ、校舎をバリケード封鎖して闘う全共闘運動が起こりました。

大学を拠点にした学園闘争は、日本大学や東京大学に結成された全共闘によって大学当局の不正や不当性が糾弾され、戦後民主主義体制に対する異議申し立てへと高揚していきました。また政治や経済や教育といった既存の社会制度に向かっても、激しく抗議の飛礫《つぶて》が投げつけられました。全共闘運動の流れは、首都圏の大学から全国各地の大学、高校、中学、青年労働者へと広く波及していきました。都市の路上では、ヘルメットをかぶり角材などを手にした学生や青年労働者が道路を解放区にしてジグザグデモを繰り返し、自らの主張を叫びながら歩道の敷石を砕いてつくった大量の飛礫を警察機動隊に向かって投げ続けました。

学園とともに世の中をも揺さぶった全共闘運動は、その衝撃と振動の激しさから大きな社会問題として新聞や週刊誌や論壇をもにぎわせ、テレビのニュース画面を通してお茶の間にもとどけられました。

自ら全共闘を名のっていた大学生たちの中心は、後に「団塊の世代」と呼ばれた第二次世界大戦直後の一九四七年（昭和二二年）から一九四九年（昭和二四年）に生まれた第一次ベビーブーム期の青年たちでした。厚生労働省の統計によると、この三年間の年間出生数は一九四七年生まれが二六七万八七九二人、一九四八年生まれが二六八万一六二四人、一九四九年生まれが二六九万六六三八人で、三年間の合計出生数は約八〇六万人にも達していたといいます。

この膨大な人数にふくらんだ「団塊の世代」は、幼い頃からすし詰め状態の教室で学習し、学校を舞台にした生き残り競争を強いられ続けました。一九四七年に誕生した私が大学に入学することになった一九六六年の春、大学進学率は一五%にのぼり三八万人の若者が大学に入学し二二万人が大学浪人になりました。『朝日新聞』は一九六六年三月二四日の教育を特集した記事のなかで「大学の大衆化」が進んでいると指摘しています。

この頃、世の中は一九五〇年代からはじまった高度経済成長のただ中にあり、経済成長率は毎年平均一〇%を超えていました。日本経済の急速な成長にともなう「大学の大衆化」は、一方で大学生の階層化を進めました。国立の東京大学を頂点とするエリートは国家や企業のトップに立つ指導者に、私立の日本大学などはエリートたちが作成した計画を現場で実現していく中間労働者として忠実に働いていく大学教育体制の確立が求められていました。

［２］

私は、一九六六年に日本大学の附属高校から日大法学部へと進学しました。その日大が私に提供したのは、千代田区立千桜小学校、今川中学校時代から附属高校で体験してきたすし詰め教室での学習とほぼ同質な大学教育でした。変わったのは、教室が講堂のように大きく広がったことと、教師たちが一人ひとりの学生と向き合うことなく無気力な授業を繰り返している光景でした。「大学の大衆化」によって、日大生には健康で従順な働き手としての役割が振り分けられ、大学当局は「学生運動のない大学」を売り文句に全国から多くの学生を集めてマンモス大学としての道を歩んでいました。

私が日本大学に入学して味わったのは、大学教育というにはあまりにもお粗末なスピーカーから流れてくる教科書を棒読みするだけの授業でした。私はそんな大学にうんざりして、パチンコ店のチンジャラジャラや雀荘でのチーポンなど遊戯の音にまみれた大学生活をおくっていました。

そんな日常が繰り返されていたある日、一つのニュースが世間を騒がせます。

日本大学の「使途不明金」問題です。

新聞報道によると、東京国税局による監査がおこなわれた結果、日本大学の経理に約二〇億円にも及ぶ使途不明金があると判明した、というのです。昼食を食べながらの話題や雀荘での冗句の内容が、一気に変わりました。「使途不明金リーチ」といったたぐいの意味不明な掛け声が、雀卓上を飛びかうようになりました。

そして1968年の春、日本大学の本部と法学部・経済学部の校舎が建つ神田三崎町で、「使途不明金二十億円」問題に端を発した日大闘争が沸騰したのでした。

1968年五月二三日、大学に抗議する日大生によって「栄光の二〇〇メートルデモ」が起こりました。この日から連日、神田三崎町界隈の路上で大学当局の不正と不当な教育体制に異議を申し立てる抗議デモが繰りかえされます。

五月二七日、大学校舎のまえを通る白山通りの路上で、日本大学全学共闘会議（日大全共闘）の結成が宣言されます。日大全共闘は大衆団交を要求し、各学部に結成された闘争委員会とともに五月三一日に全学総決起集会を開催し、大学当局に全共闘との話し合いに応ずるよう求めました。

六月一一日、大衆団交を要求し経済学部一号館前で全学総決起集会を開催しようと集まっていた学生たちに、体育会系の学生や右翼が大学校舎の階上から襲撃を加えました。激しい暴力による血の弾圧に怒った学生たちは法学部三号館にバリケードを築いて大学校舎を封鎖し、この日から日大闘争は一気に本格化していったのでした。

［　3　］

大学に対する糾弾と異議申し立ての声は、各地の学園でも高まっていました。

東京大学では、医学部で「医局長を拘束した」という理由によって処分した学生の一人が無関係だったと判明します。ずさんな大学当局に対する医学部学生の抗議行動が安田講堂の占拠へと進展していきました。東大総長は学生たちの抗議行動に対抗して機動隊の導入を要請し大学構内に出動させたため、抗議の声は他の学部へと一気に広がっていったのでした。

七月五日、安田講堂で東大闘争全学共闘会議（東大全共闘）が結成されます。

こうして日大・東大をはじめ大学校舎を全共闘の学生がバリケード封鎖して闘う学園闘争が、1968年から七〇年にかけて大きなうねりとなって全国へと拡大していったのでした。

1968年の春、青々と晴れ渡った空の下。

激しくうねり渦巻きながら目の前を勢いよく大声をあげ流れていくデモ。

東京神田三崎町の路上で突然のように沸きあがった人波になだれ込み身をまかせた私は、その瞬間から日大闘争に参加し、日大全共闘の隊列に加わっていたのでした。

デモに参加し日大全共闘の一員に「成」ることは、何も考えずに附属高校から大学へと進学し、麻雀やパチンコばかりしていた毎日とは別な学生生活を自分から選ぶことでした。その選択は、家や学校や国家が提示した道から外れ、定められた役割から自分の意志によって離脱することでもありました。

だからといって、日大闘争に参加し決められた学生生活とは別な道を歩んでいく選択が、特別な決意によって決定されたわけではありませんでした。一緒に遊んでいた友人たちも私も、納得のいかない大学生活の中で起こった「使途不明金」問題に当然のように抗議し、路上で発生したデモに自然に参加するようになりました。問題を起こした大学当局に抗議の意志を示してデモに参加することは、退屈な授業に出席するよりずっと清々しくて心地のよい愉快な選択だったからです。

そんな毎日を過ごしているうちに、そもそもノンポリで政治や社会には無関心だった私や周りの多くの友人たちが、いつの間にか日大闘争に参加していました。そして六月一一日、大学から要請され私たちに暴力を振るう体育会系学生や右翼に抗議しバリケードを築いて泊まり込み、そのままノンセクトの日大全共闘に「成」ってしまったのでした。こうしてマルクス主義や革命を掲げる政治党派とは無縁な学生運動集団として日大全共闘はできあがっていきました。日大全共闘が政治に関する要求を直接には掲げることなく日大闘争を闘い、ノンセクトであることを誇りとしていた背景には、そうした全共闘の成り立ちをめぐる素朴な理由があったのでした。

そして私も多くの友人たちも、そんな「人生の選び直し」と向き合っていました。

1968年の同じ頃、欧米の各国でも学生たちによって異議申し立ての声が挙げられ、国家が定めた教育制度や社会制度への抗議やベトナム戦争に反対する社会運動が起こっていました。

フランスのパリでは、パリ大学の学生たちによる異議申し立てをきっかけに「五月革命」が起こり、学生街カルチェ・ラタンは反乱した学生によって埋め尽くされ解放区が出現しました。学生たちの叛乱は労働者を巻き込んで拡大し、ドゴール大統領が退陣する引き金にもなりました。

同じころ米国のニューヨークではコロンビア大学の学生たちが校舎を占拠してベトナム戦争に反対し、後に映画『いちご白書』のモデルとなる出来事が起こります。またカリフォルニア大学バークレー校でも学生反乱が巻き起こり、ベトナム反戦運動や公民権運動と結びついた異議申し立てが全米へと拡大していきました。

1968年、世界の各地で多くの若者たちが既存の国家のやり方や戦争や差別や不平等に対して抗議の声を挙げていました。世界中の若者たちも、日本の若者と同じようにあらかじめ定められたコースとは別な、自らの意志に基づいた「人生の選び直し」への第一歩を踏み出していました。

［４］

1968年を起点に沸騰した全共闘運動は、一九七〇年にかけて燎原の火のごとく全国各地の学園へと燃え広がりました。ピークとなった一九六九年には、国立大学七五校中六八校が、公立大学三四校中一八校が、私立大学では二七〇校中七八校が学園闘争に突入して大学と世間を大きく揺さぶりました。

しかし日大闘争も全国の学園闘争も、出来事としての大きさや運動の激しさにもかかわらず、目に見える具体的な成果をなかなか挙げられませんでした。

日大闘争は1968年の夏休みもバリケード闘争を維持して乗り越え、九月四日には機動隊導入に徹底抗戦を挑み、破壊されたバリケードを九月一二日に機動隊を粉砕して再構築します。そして九月三〇日、三万五〇〇〇名の学生を集めた大衆団交を実現し、全共闘の要求を大学当局に認めさせ勝利しました。

ところが一〇月一日、佐藤栄作首相が「大衆団交は認められない」と発言したことで、全ての約束は一方的に反故にされ、バリケード闘争は継続されることになりました。

国家権力による日大闘争への直接な介入に、日大生はとまどいました。佐藤首相の発言は、その後の学園闘争の闘い方を徐々に変化させていきます。それは、たとえ個別の学園闘争であっても国家が強権的に介入するという基本姿勢を表明した発言だったからです。そののち個別の学園闘争は、大学同士の連携をはじめ各地各分野の闘争との繋がりや連帯を求めていく方向へと進んでいきました。

全国の全共闘は、1968年一一月二二日に東大の安田講堂前で開催された「日大・東大闘争勝利全国学生総決起大会」に結集し、一九六九年一月一八日、一九日にかけて闘われた安田講堂での徹底抗戦を共に闘い、九月五日には日比谷野外音楽堂で「全国全共闘連合結成大会」へと進んでいきました。こうした一連の流れの中で、政治とは本来無縁だった日大闘争や他の個別な学園闘争も、政治革命を主張する各政治党派の方針や思惑のほうへと引きずられていったのでした。一九七〇年六月になると「七〇年安保決戦」という政治闘争に巻き込まれ、いつの間にか全共闘は学園を離れ拡散してしまいました。学園闘争によって「何が変わったのか」といった世間からの問いかけにも十分に応えないまま、全共闘運動に参加した若者たちはバリケードから社会へと旅だっていきました。

私の周りの友人たちも、それぞれが自らの人生を探しに散っていきました。

1968年から七〇年ごろにかけて、大学から退学処分されたり除籍や中退となって自ら学園を去っていった人数は、日大だけでもおよそ一万人はいたといいます。多くの全共闘たちが、学園闘争の経験を抱えながら世の中へと踏み出し「自力で生きていく」道を求めて彷徨いました。日大闘争に参加して逮捕され、起訴され、有罪判決となった私のような「前科者」は、腹を決めて未開の荒野を開拓し、新たな大地を耕しながら生活していくしかありませんでした。でも全共闘たちは「自力で生きていく」道を模索したことで、これまでにはなかった暮らし方や仕事の仕方を見つけていきました。

私は無尽出版会を日大闘争を共に闘った仲間たちと設立し、アルバイトで収入を確保し、日大闘争と全共闘運動の記録を目指した冊子『無尽』を創刊して「自力で生きていく」歩みをはじめました。無尽出版会の事務局となった書店『大塚東洋堂』も同じように新しい生き方を自力で実現した場所で、持続する全共闘運動の拠点となりました。

［ 5 ］

日大闘争に参加してバリケードで暮らし路上で飛礫《つぶて》を打ったたびに身体に染み込んでいった全共闘経験は、「自力で生きていく」生活でも同質な経験として蓄積されていきました。国家や大企業に寄りかかり何かに依存して生きていく道とは別な人生を歩んでいくことが、全共闘運動を持続していく生き方と重なっていました。

学園から社会へと自力で生きていく道を歩みはじめたとき、歩調を合わせ協力してくれたのは、1968年に同じ世界と空気を呼吸していた同時代人たちでした。

『無尽』を積極的に販売してくれた新宿「模索舎」は書店経営や出版流通の新しい可能性をひらき、「地方小出版物流通センター」の設立によって本の流通改革が進み、小出版社は「NRの会」をつくっていいましたが、そうした動きとも協力しあいながら『無尽』出版会や『東洋堂』の活動は継続されていきました。また一九七〇年代以降、私のまわりの全共闘たちに生活の受け皿を提供していたのは『現代の眼』『構造』『流動』といった総会屋雑誌で、独自な活字世界を開拓した『噂の真相』や『別冊宝島』なども収入と活躍の舞台を与えてくれました。他にも「自力で生きていく」道を歩んでいった全共闘の友人たちは、有機栽培による農業・畜産や木工・染色・陶芸などの手仕事に従事しながら、地方での自然保護活動や脱原発社会の実現をめざした住民運動などに地道にかかわっていきました。

1968年から五〇年を経ようという今も「自力で生きていく」ことが私には全共闘運動の持続と重なっています。一九七三年に『無尽』を創刊し、二〇一一年二月には『日大闘争の記録——忘れざる日々』を制作して日大闘争の経験を記録する取り組みを現在まで継続してきたのも、私には持続する全共闘運動に他なりません。

また創刊と同じ年の3・11に「東日本大震災」が発生し福島第一原子力発電所の事故が起こったあと、原発再稼働に反対し原発のない社会の実現に向けた行動に「我らずーっと日大全共闘」の旗を掲げてデモ行進に参加した面々も、自力で現在まで生きてきた全共闘たちでした。その全共闘たちは、二〇一二年一〇月から南相馬市を中心に「ふくいち周辺環境放射線モニタリング・プロジェクト」にも取り組んでいます。

「今を生きる私たちにとって、『現在』が大切なのは当然のことでしょう。だからこそ私は、その『現在』を、1968年という『過去』に抱いた希望や理想を実現していくための場所／時間にしたいと願いながら、今を歩んでいるわけです」

『日大闘争の記録——忘れざる日々』第四号（二〇一三年九月一〇日号）の巻頭文に、私はそう記しました。

1968年という過去を忘却することなく、全共闘運動が宿していた未来への可能性を想起し救済することが、「過去」と「現在」の可能性を同時に今の時代に実現していくことへとつながっていくのではないでしょうか。

［6］

二〇一八年は、1968年に日大闘争と全共闘運動が沸騰してから五〇周年になります。

時代は二一世紀へと移行し世の中は急速に変貌しましたが、全共闘運動によって刻まれた数々の経験や当時の出来事は、五〇年を経てもまだ着地点を探し求めて彷徨い続けているように思えてなりません。

大学生を皮切りに多くの若者たちを魅了した全共闘運動は、1968年から七〇年にかけてあれほど多くの人々が真剣に取り組んだ出来事だったというのに、何を思い、何を考え、何を実行し、何を得たのかといった詳細は、今も十分には語られていません。

あんなにも愉快だった日々を抱えながら、全共闘たちは今、何を思っているのか。

自分のかかわった出来事や経験を自ら語ることは、たしかに重く困難な作業でしょう。

それでも私は、これまで全共闘に関連する文章を何度か執筆してきました。

その機会に、私なりの直感と言葉で全共闘経験と向き合おうとしてきました。

たとえば私は、自らの全共闘経験を「全共闘に『成』る」という書き方を使って表そうと試みたりしました。それは、1968年まで何事もなく繰り返していた日常が、日大闘争に参加し全共闘に成ったとたん、「歩」から「金」に「成」ってしまったような感覚を味わったからでした。私にとって全共闘運動とは、将棋盤の上で敵陣へと攻め上がった「歩」が裏返って「金」に変身したような「成」り上がり物語でもあったのです。

日大全共闘はそのように全国の全共闘運動を牽引し、偏差値の壁と大学の階層化を乗り越え実力で東大全共闘と並び称されるまでに「成」り上がったのでした。

世の中の移り変わりや街並みの変化ですら十年一昔だというのに、五十年もの歳月にわたって私に全共闘が取り憑いている理由は、その辺りにあるのかもしれません。

私は、そのように全共闘に取り憑かれたのでした。

だからといって、四六時中全共闘について考えているわけではありません。

でも気が付くと、世の中の矛盾に怒り世界中の不幸と不正義に憤っている私の足元に、長いあいだ社会と向き合ってきた「全共闘スタイル」がしっかりと横たわっているのです。
全共闘運動をめぐる経験は、そんなふうに今も私に取り憑いています。

［ 7 ］

二〇一〇年、全共闘運動に取り憑かれてしまった私の経験を『路上の全共闘1968』（河出書房新社）にまとめました。私はこの本で、全共闘経験がいかに個人的な体験だったのかを記すことで、日大闘争がどのように多彩で多様な組織されざる単独者によって担われていたのかを記録しようと考えたのでした。併せて本の「あとがき」にあたる「最後に……」で、全共闘運動をめぐる経験が現在に向かって何を投げかけているのかを記しました。

「いま、あえて全共闘という過去を想起するのは、何故なのか。世の中の『政治』の潮目が変わろうという今に向かって、全共闘は何を発信しようとしているのだろうか。

たとえば貴方は、貴方の望みを実現する『政治』を、いままで手にしたことがあるだろうか。貴方という存在を代表する誰かを『政治』のなかに発見したことはあるだろうか。

全共闘は、誰からも代表されず誰も代表しなかった。民主化や代表制や全員といった架空の主体を求めず、選ばず、虚構化せずに、行動する単独者の直接性に基づいて運動を進めた。自らの行動を自らが決定し、バリケードや路上を自らが主となって治める『直接自治運動』を展開した。

いま、私たちを代表しているという『政治』の無能、無力、無節操に替わるべきは何だろう。それこそ、全共闘が実現して見せた、あの『直接自治』に他ならない。いま、あらゆる場面で、誰かに何かを任せるのではない『直接自治』が求められている」

世界が変わっていく速度は二〇一〇年よりいっそう早くなりましたが、全共闘運動が1968年に実現してみせた「直接自治運動」の可能性は、現在よりもこれから先に創造されていく世界にこそ深く浸透し広がっていくでしょう。

世の中がそれぞれの土地で暮らす人々の「自律」と「自治」に基づいて改革されていく流れに、全共闘経験はどのように貢献できるのでしょうか。少なくとも「誰かに何かを依存しない」自律した自治社会への転換を進めていく行動には、全共闘経験を共有している人たちから圧倒的な「共感」が寄せられるでしょう。

世界が軍事と金融によるグローバル化から排他的なソフト独裁化へと統制されていく流れの双方に異議申し立ての旗を掲げるなら、その取り組み方を探るために1968年へと回帰するのはまっとうな選択ではないでしょうか。現在が、未だに1968年の理想を達成できていないと思うなら、荒野と化した1968年からバリケードの解放感や神田カルチェラタンで投じられた飛礫の目的と総量を探索するといいでしょう。もしかすると今も「敷石の下に想像力が埋まっている」かもしれません。あるいは、着地点を求めて路上を彷徨っている1968年の全共闘経験と出会えるかもしれません。

［ 8 ］

1968年から現在へと全共闘運動の記憶を過去から運んでは積み重ねながら、私は様々な出来事を機会あるごとに記録してきました。多様で複雑な全共闘経験とそんなふうに寄り添っているうちに、いつしか「全共闘スタイル」に取り憑かれてしまったのです。

全共闘運動は、大学の学生自治会などを拠点に取り組まれてきた戦後の学生運動とは別な土壌から生まれた、自主的で自律した個人を主人公にした社会運動でした。私は、何の約束も契約も誰の代表でもなく日大闘争に参加して日大全共闘に成り、自らの意志でバリケードに泊まり込み、路上で飛礫を打ち、徹底抗戦を闘いました。そんな全共闘経験からいくつかの要素を整理した憑きものの正体が「全共闘スタイル」です。私は複雑で多様な全共闘経験を「全共闘スタイル」という視座に置き換えることで、全共闘運動が現在に投げかけている提言を見つけたいと思ってきました。「全共闘スタイル」を私の全共闘経験のまとめにするとともに、全共闘運動が未来に向かって発信している主題を見つける分析装置として活用できないものかと考えたのでした。

果たして「全共闘スタイル」は、何かを発見してくれるでしょうか。

この本で私は、およそ五〇年におよぶ自らの全共闘運動の軌跡をたどってみました。日大闘争に参加して全共闘に「成」った私が、全共闘経験をめぐって書いたり発言してきた履歴をあらためて振り返ってみようと思ったのです。その作業のなかから、「全共闘スタイル」がなぜ私に取り憑き、何を引きだそうとしているのかも確かめようと思いました。

二〇一八年、全共闘運動は激しく沸騰してから五〇年周年を迎えます。

しかし、全共闘経験は必ずしも十分に語られているとは思えません。

全共闘運動に全身全霊を投じて闘い、考え、生きてきた全共闘経験から、全共闘世代は何を遺産として残すことになるのでしょうか。「現在」が「未だ達成されざる1968年」なら、私たちが全共闘運動の渦中で実感していた心地よき未来社会への可能性や愉快だった全共闘経験を、自分の言葉でしっかりと記録しておこうではありませんか。

多彩で多様な全共闘経験の実態が記録されいくつも集積し、そこから社会改革に取り組むための道具箱がいつの日にか整ったら……。全共闘運動がバリケードを築いて実現してみせた、政治を無化する「直接自治」の可能性は、明日の実現に向かって歩みを進めていくことでしょう。

この一冊は、その呼び水になれるでしょうか。

第一章◉

全共闘経験をめぐる軌跡

一・一〇年ほどまえ、全共闘は

二〇一八年は、1968年に日大闘争が沸騰してから五〇周年を迎える年になります。日大闘争を闘った日大全共闘をはじめとする全国の全共闘運動も、まもなく五〇周年を迎えます。当時は学園闘争が全国の大学を激しくゆさぶり、新聞記事やテレビのニュース映像となって世間を大いににぎわせました。

その日大や東大などの全共闘は、これまでどのように語られてきたのか。全共闘を、通俗的に語ってきたのは、どんな言説だったのか。

一〇年ほどまえ、産経新聞出版から刊行された『総括せよ！さらば革命世代――40年前、キャンパスで何があったのか』は、巻頭でこう語っています。

「40年余り前、わが国に『革命』を訴える世代がいた。当時それは特別な人間でも特別な考え方でもなかった。にもかかわらず、彼らは、あの時代を積極的に語ろうとはしない。語られるのは中途半端な武勇伝だけであり、『そういう時代だった』『みんなそうだった』と簡単に片付ける人もいる。そして、私たちの『隣人』としてごく普通の生活を送っている。彼らの思想はいつから変わったのか。また変わらなかったのか。あるいは、その存在はわが国にどのような功罪を与えたのか。そもそも当時、この国のキャンパスで何が起きたのか。彼らが社会から引退してしまう前に、『総括』する」

この本が刊行されたのは二〇〇九年一一月二二日、1968年に全共闘運動が起こってからおよそ四〇年を迎えた年でした。産経新聞大阪社会部に勤務する一九七三年生まれの若い記者たちが取材した新聞連載を、単行本にまとめた書籍です。秋田明大氏をはじめ、重信房子、塩見孝也、佐々淳行など多彩な各氏への取材をもとに編集されています。この頃全共闘運動は1968年から四〇年目を迎えてテレビ番組の特集が放映されたりしましたが、多くの人たちから関心を集めるほどは盛り上がりませんでした。

テレビ局の特番やこの書籍は、全共闘運動をひとつの同じような見方から語っていました。それは、全共闘運動が政治や社会問題に取り組む全学連などの学生運動や、マルクス主義や社会主義をかかげて「革命」をめざす連合赤軍などの新左翼政治党派と同質なつながりのある運動だったという見方でした。

しかし全共闘運動の拠点となったキャンパスが、いつから、どのように、なぜ、政治党派がめざす「革命」とつながっていたかの実態や詳細は語られませんでした。

また『総括せよ!さらば革命世代——40年前、キャンパスで何があったのか』は本の巻末に参考文献として『叛逆のバリケード』(三一書房)をはじめ七二冊にも及ぶ書籍を掲載しています。他にも各種新聞やパンフレット、インターネットサイトなど大量の資料を参考にしたことが五頁にわたって記されています。しかし、一九八〇年に私が深く内容にかかわった津村喬さん編著による『全共闘——持続と転形』(五月社)や、この本を刊行するきっかけとなった『全共闘——解体と現在』(田畑書店)、そして私が編集や執筆にかかわり一九七三年から四号まで刊行された『無尽』（無尽出版会）には一切触れることなく、参考文献としても取り上げられていません。

全共闘運動と正面から向き合い、いわゆる「総括」ともいえる取り組みを試みている書籍や冊子を参考文献にすら選ばなかったのは、なぜなのか。『総括せよ！さらば革命世代——40年前、キャンパスで何があったのか』が、「彼らは、あの時代を積極的に語ろうとはしない。語られるのは中途半端な武勇伝だけ」という見解を取材や出版の根拠にしようと思っていたなら、確かに二冊の書籍と四号まで刊行された『無尽』はあってはならない内容だったでしょう。果たしてそれが意図された選択だったのか、それとも偶然による結果なのか。

しかし、「彼らは、あの時代を積極的に語ろうとはしない」とか「語られるのは中途半端な武勇伝だけ」だと言及するいかにもなマスメディアの報道が、全共闘運動を担っていた多くの青年たちの多様な取り組みとその後の人生を十分に伝えていないのは明らかです。またこうした語られ方の延長線上で「日本赤軍による海外でのハイジャックとテロ」や「連合赤軍によるリンチ殺人事件」が起こったといった風評が世間に振りまかれ、通俗化していったのも確かでしょう。全共闘運動がこのように扱われていくたびに、1968年に起こった大学生や青年たちによる異議申し立てへの印象が固定化されていきました。こうして治安対策上の言説とともに定着していった印象によって、全共闘運動は連合赤軍による「リンチ殺人事件」の凄惨さや銃撃戦となった「浅間山荘事件」のライブ中継と結び付けられていったのでした。

一〇年ほどまえ、全共闘はそのように語られていました。

こうした治安対策を目的にした一方的な言説が、全共闘運動の実態や全体像が語られないなかで世間の話題となりマスメディアでもたびたび取り上げられてきたのはなぜなのか。

1968年を起点にした全共闘運動から、それ以前の学生運動との同一性を探そうとするなら、いくつかの連続性や同時代性を指摘することは可能でしょう。たとえば、全共闘運動にも新左翼諸党派に所属するメンバーは参加していました。ヘルメットにゲバ棒という全共闘の闘争スタイルは、一九六七年一〇月八日に全学連が首相のベトナム訪問を阻止しようと羽田で決起した実力闘争の地平を引き継いでいました。また全共闘運動を担っていた世代の年齢は、連合赤軍のメンバーと重なってもいました。

こうした同世代性や行動スタイルの同型性といった側面を根拠に、全共闘運動と「リンチ殺人事件」などとの関連にことさら焦点をあてるのはなぜなのか。「浅間山荘事件」や「よど号ハイジャック事件」など新左翼を名のる組織が社会的な事件を起こすたびに全共闘運動とのかかわりを指摘する報道や解説は、全共闘運動が「リンチ殺人」や「銃撃戦」や「ハイジャック」といった犯罪を発生させた原因だったという印象を上書きし固定化しているように思えてなりません。社会的な事件と全共闘運動との関係をあえて強調して一つの印象へと意識を誘導しようとするのは、そのことから得られる何らかの利得があるからではないのか。たとえば国家や社会を思惑どおりに支配していくうえで、体制への叛逆の芽を事前に摘み取り騒動なく世の中を治めていく治安対策上の必要から、安全や安心を名目にした言説が世間へと拡散されているとしたら……。1968年を起点にした全共闘運動が、凄惨な事件を生み出した温床であるかのように語られ続けてきたのは、それなりの理由があったのではないでしょうか。そうした支配関係を形成していく治安対策上の言説が正当であるかのような社会環境づくりに、『総括せよ!さらば革命世代——40年前、キャンパスで何があったのか』といったマスメディアたちは加担してきたのでした。

たしかに、全共闘運動の中から連合赤軍に参加し「リンチ殺人事件」や「浅間山荘事件」を起こしたり、組織に所属して政治活動に参加したり、党派の「内ゲバ」に巻き込まれた人たちはいたでしょう。しかしその人数は、全共闘運動に参加したうちのどれほどの人数だったのか。

そもそも全共闘とは、政治的な目的や社会改革を目指していたのか。

全共闘は、特定のイデオロギーにもとづいた組織活動集団だったのか。

また、全共闘運動について語るべき主題とは、果たしてそのことなのか——。

全共闘運動について、はじめに語っておきたい基本的なこと。

それは何よりも、全共闘運動の起点となった日大闘争も東大闘争も政治組織による指導や全学連の指示や誰かの命令などにしたがって取り組まれた運動ではなかったことでしょう。全国各地で、全共闘運動に参加した多くの青年たちも、組織や指導者の指示や命令によって全共闘に成ったわけではありませんでした。

日大闘争に参加した私のような全共闘は政治党派に所属しないノンセクトであることをはっきりと主張していました。それは誰かの指示や命令にしたがって日大闘争を闘っているわけではないことが、自らへの誇りでもあったからです。また私は学生自治会の選挙やクラスでの多数決によって選ばれた代表ではなく、個人の意志で日大闘争に参加していました。日大全共闘とは、誰も代表せず誰からも代表されない単独者によってつくられていた集団でした。委員長・副委員長・書記長といった三役をはじめ他の役職も、自ら名乗り出た誰かが担当していました。闘争方針や日程は誰もが参加できる全体会議での話し合いと合意によって決められました。また日大闘争は多くの学部の様々な闘争委員会によって担われましたが、どんな委員会をつくるかは各学部や学科で自由に決めていましたし、どの闘争委員会に参加するかは個人の自由選択に任されていました。

日本大学法学部政治経済学科三年生だった私は、1968年六月一一日から法学部三年生闘争委員会に参加してバリケード生活をはじめましたが、一九七〇年七月一〇日に府中刑務所から出獄した後は藝術学部演劇学科闘争委員会の有志が集まっていた現代演劇研究会に加わり日大闘争を藝術学部を舞台にして継続しました。

私は日大全共闘の方針を支持し執行部の提案に賛成して日大闘争に取り組んでいましたが、日大全共闘とは何の約束も契約も交わしたわけではありません。私が日大闘争にどのように参加するのか、何をするのか、いつまでかかわるかなど一切の選択と決定は、私の自由意志にまかされていました。日大生だけでも数万人が参加したであろう日大闘争は、そんな私のような個人が自由に出入りできるプラットホームとしての日大全共闘を結集基盤に、個人の団結と信頼を頼りにバリケード闘争をおよそ八ヶ月間維持したのでした。

全共闘運動とは、そのような個人の自由に立脚した「愉快な叛乱」だったのです。

だから全共闘運動についてまず始めに指摘すべきは、大学や社会に対して意義を申し立てるにあたって登場した個人の果たした役割とその活躍ぶりでしょう。1968年に沸騰した全共闘運動とは、個人を発火点にした青年による新たなる社会に対する異議申し立てであり「叛乱」だったのです。闘争が継続されていくにつれて、個人の意志からはじまった全共闘運動は学園やバリケードでの生活を通じて個人同士の結びつきを強固にしていきました。さらに路上での闘争を経ていくなかで仲間たちを拡大し、自己の目的と決断にしたがって学園から社会へと拡散していったのでした。

私の経験した日大闘争とは、そのように推移していった自由で愉快な「叛乱」でした。

一方で、全共闘運動に参加したあと連合赤軍へと合流した学生もいました。

1968年、弘前大学に入学して全共闘運動に参加し、後に連合赤軍に加わり、一九七二年「あさま山荘事件」が起こる直前に逮捕された元連合赤軍活動家の植垣康博氏は、二〇一七年に「連合赤軍の元活動家は獄中二七年で『革命』をどう総括したか」というインタビューで個人と大学闘争について語っています。

「個人が組織の人間として、個人的考えを持たないようにするっていうね。完全に組織に同化させる。森（恒夫）さんとか永田（洋子）さんが指導的な立場にあったわけだけど、当時の左翼運動がそういうスタイルだったわけですよね。私はそうやって党派に完全に属してしまった人間を党派人間と呼んでいるんだけど。森さん、永田さんは党派の活動でもって、成長してきた人間なんですよね。だからまったくの党派人間そのもの。性格に問題があったとかそういうことではなくて。党派にあまりにも忠実な人間になっていたことが問題であったのではないかと思う。

彼らは私らみたいな大学闘争の経験はないわけですよね。私らが大学闘争やっているころには、彼らは卒業していましたから。森さんは私らの兄貴と同じぐらい。大先輩だから逆らうなんてとんでもない。おやじさん、とみんなが呼んでいた」

（「『週刊ダイヤモンド』特別レポート」より）

全共闘運動から連合赤軍に加わった植垣康博氏が明解に語っているのは、連合赤軍と全共闘運動の「個人」をめぐる扱いの違いです。植垣さんが「党派人間」と呼んでいた連合赤軍の指導者たちは「個人的考えを持たないようにする」ことを求めたといいます。また連合赤軍の指導者たちは「大学闘争の経験はない」人たちで「おやじさん」とみんなが呼んでいた人だったといいます。

１９６８年の学園闘争は、発火点となった「個人」の話し合いと合意によって方針が決定され運動が進められていきました。しかし連合赤軍は「個人的な考えを持たないように」することや指導者の命令にしたがうことを党派として求めました。連合赤軍による「リンチ殺人事件」とは、そうした指導者に服従することを強いる党派の論理と閉塞した生活環境から起こった出来事だったのではないでしょうか。植垣さんはその一つの要因として指導者が「党派にあまりにも忠実な人間」で、それは「彼らは私らみたいな大学闘争の経験はない」からだと見ていました。

連合赤軍は、全共闘運動とはまったく真逆な「個人」に対する考えを政治党派組織の基本理念にしていました。そのことを植垣さんは「当時の左翼運動がそういうスタイルだったわけですよね」とも語っています。

全共闘運動は、連合赤軍に象徴されるような政治党派の綱領や運動方針や指導者の指示命令とは無縁な「個人」が大集団となって異議申し立てへと起ち上がった社会運動でした。そうした実態に焦点をあてて考えるなら、全共闘はそれ以前の政治党派組織が指導していた学生運動とは切断された、まったく別な考え方に立脚した運動だったといえるでしょう。当時、同じように「個人」を立脚点にした社会運動が、米国のベトナム侵略戦争に抗議して起ち上がったべ平連（ベトナムに平和を市民連合）による反戦闘争や三里塚闘争・水俣病闘争など日本の各地で湧き起こっていました。

しかし全共闘運動は『総括せよ！さらば革命世代――40年前、キャンパスで何があったのか』が二〇〇九年一一月に刊行される以前、二〇〇八年一〇月一六日の時点で、すでに神戸女学院大学名誉教授で武道と哲学研究のための学塾・凱風館を主宰する内田樹氏にこう語られていました。

「あの運動を『何かを建設する』ためのものであるとか、『何か有害なものを破壊する』ためのものであるというふうに合理的に捉えようとする試みは（若い社会学者たちが始めているらしいが）たぶんうまくゆかないと思う。1968年の運動の本質は『攘夷を果たすことのできなかった志士たちの末裔による自罰劇』にあると私は思っている。だから、全共闘運動が最終的には官憲の手を煩わせるまでもなく、『内ゲバ』という互いに喉笛を掻き切り合うような『相対死に』のかたちで終熄したのは『自罰のプロセス』としては当然だとも言えるのである」

（「『内田樹の研究室』1968」より）

内田樹氏は、1968年の運動に「本質」が存在し、それが「自罰劇」だと指摘した後、「内ゲバ」

によって全共闘運動は「相対死に」なり終熄したと断定していたのでした。一〇年ほど前より以前にも、全共闘運動は「内ゲバ」とともに語られていました。

ではそれより以前、四五年ほどまえはどうだったのか。

一九七三年に無尽出版会から『無尽』が創刊されましたが、その当時すでに連合赤軍による「リンチ殺人事件」を背景にした治安対策上の言説は世間で同じように語られはじめていました。無尽出版会では、そうした印象をなんとか反転させたいと考えていました。日大全共闘の取り組んできた日大闘争が誰によって何を目的にどう実践されていたのかを語れば、通俗化した全共闘運動に対する偏見はくつがえせると思っていました。日大闘争は、革命への幻想や左翼イデオロギーとは無縁な次元からはじまった学園闘争でした。その経験と実態と事実経過さえ公にすれば、全共闘運動が政治闘争や「リンチ殺人事件」と直接にはつながりのない社会運動だったことが証明できると素朴に思っていたのでした。

二．無尽出版会の設立

一九七〇年の安保闘争が終焉したあとの一九七二年、無尽出版会が設立されます。

次の年の春、『無尽』の創刊号が刊行されました。

同じころ、それぞれが生活する地域で社会活動に取り組んでいく拠点づくりを目指した書店「東洋

1968年9月の法学部奪還闘争

堂」が大塚に開店し、その奥に無尽出版会の事務局が開設されました。

その無尽出版会の設立に、なぜ私が参加することになったのか。

日大闘争に参加した私は、一九六九年九月三〇日に「9・30大衆団交一周年日大法学部・経済学部奪還闘争」で逮捕され起訴されてほぼ十ヶ月間にわたる拘束を強いられましたが、一九七〇年七月一〇日に未決のまま収監されていた府中刑務所からやっと出獄します。

一九七〇年六月の「七〇年安保決戦」がすでに終わった東京で、私は日大闘争に参加していた仲間たちとこれからどんな人生を歩んでいこうか思案しつつ暮らしていました。そんな中で『無尽』の制作に取り組み、創刊号を刊行しました。二十代はじめのころで、若さゆえの決断だったのかもしれません。自らの経験を語ることの困難や責任について、まだ何も気付いていませんでした。でも、もし分かっていたら、できなかったかもしれない挑戦でした。

無尽出版会から『無尽』創刊号が刊行されたのは、一九七三年五月三日です。先の構想など考えていない、ちょっと無謀ともいえる出奔でした。

日大闘争の経験を多くの仲間たちと共に語り記録していく作業は、案の定、そう簡単には進んでいきませんでした。

もちろん、困難に出会っていたのは『無尽』だけではありません。

「だが、それにしても全共闘運動の経験は下の世代には伝わっていない。スケールの違いを度外視すれば、太平洋戦争の経験が戦争文学をはじめさまざまな聞き書きや映像作品をつうじて伝えられたのにたいし、全共闘運動は一世代のかなりの部分をつかんでしまった経験であるにもかかわらず、その全体像が伝わるような小説一つ生み出せなかった。

それには、いくつかの事情がある。もちろん、きちんと伝えられなかったぼくたちの世代の責任は大きい。だがそれだけではない。まず、全共闘運動をただ政治運動としてとらえるだけでは、表面的にしか語ったことにはならない。それに、全共闘運動は本文でふれている三派全学連の運動とごっちゃにされてとらえられてきた。さらに、この押しつけがましい世代にたいする反発と、熱い時代があったんだという幻想によって、その正体がよくわからないまま伝説化されていったという経緯もある。だがこれらの理由以上に、自分たちにとってもよくわからない経験だったという事情が大きかったのではないだろうか。自分と密接にかかわっているテーマであればあるほど、伝えにくいのである。自分の思い込みや心情、あるいは入れあげたイデオロギーをぬぐい去って、自分たちがつかまれてしまった経験の正体を語るのはえらくむずかしいことだ」

（小阪修平『思想としての全共闘世代』ちくま新書・二〇〇六年刊）

今は亡き東大全共闘の小阪修平さんも、冊子『オルガン』の編集や執筆をはじめ『思想としての全共闘世代』を刊行するなど、全共闘運動の経験と誠実に真正面から向き合い苦闘していました。

でも無尽出版会は、こうした困難に加えて刊行を続けていく資金も不十分でした。

そんなにも無謀な試みに私が加わることになったのは、日大全共闘書記長の田村正敏さんから直接の誘いがあったからでした。日大闘争に深くかかわっていたとはいえ、日大全共闘の役員でもなく全体会議に一度も出席したことのない法学部三年生闘争委員会の一員だった私が、闘争の最中には話さえしたことのない書記長の田村氏からどうして誘われることになったのか。

1968年の春に沸騰した日大闘争は一九六九年に入ると警察機動隊を使った各学部のバリケード撤去が進められます。またこの頃から大学当局による疎開授業が本格化し、日大全共闘の結集力は徐々に弱くなっていきました。そんな中、日大闘争に継続して参加していた私のようなノンセクト全共闘たちが、様々な局面で闘争の中心となる役割を担うようになりました。

そして一九六九年九月三〇日、日大全共闘と全国全共闘の共催によって神田駿河台の明治大学学生会館前庭で開催された「9・30大衆団交一周年、日大法学部・経済学部奪還闘争」で、私は当日の集会の司会進行役を担当することになります。

この日、すでに逮捕状がでていた日大全共闘書記長田村正敏さんは、逮捕されることを前提に集会に参加し、演壇から挨拶することになっていました。集会がはじまる前、私は田村氏と会い、逮捕される覚悟であることを確認したうえで集会の司会を進めていきました。集会は無事に終わったのですが、終了すると同時に学生会館内へと機動隊が無謀にも突入し、田村氏や私をはじめ三五五名もの学友を逮捕しました。私は愛宕警察署での取り調べで起訴となり、そののち未決のまま府中刑務所に送られ一九七〇年六月の安保決戦が終わった七月一〇日まで、およそ十ヶ月間を獄中で過ごすことになったのでした。

その獄中でのこと。

私は府中刑務所の独房に収監され、規則にそった生活を強要されていました。

府中刑務所の独房では、毎朝必ず点呼がおこなわれます。

早朝、重い鉄で囲われた扉が長く並んでいる刑務所の一番端の独房から、順番に扉が開けられていきます。扉が開くと、同時に自分に振り分けられた番号を言って点呼を受けなければなりません。私には「五三四三番」という番号が付けられていました。その「五三四三番」を、朝がやってくるたびに一畳の畳みの真ん中に座って叫ばされていました。なかにはその点呼の時に、自分の番号を言わずに「安保粉砕」と叫んで「懲罰」を課せられ懲罰房へと移されていく猛者もおりました。懲罰になると房を移動させられ、読書はできなくなるし風呂にも入れなくなるなどさんざんなので、私はそれなりにおとなしく暮らしておりました、が……。

そんなある日の、夕食の配給のとき。

扉の中央に小さく開けられた配給用の窓から、アルマイトの食器に入った夕食に混じって、小さく丸められた紙くずのような何かが投げ込まれたのです。

何だろう。

私は、何が起こったのか理解できずに固まっていました。

府中刑務所での食事は、毎食同じように扉の中央に開けられた小さな窓から配給されていました。食事の配給は、独房の端から順番におこなわれ、台車に積まれた食器におかずとご飯が盛られて小さな窓から独房の中へと配膳されていました。夕食には、とても美味しい焼きたてのパンが配給されたりしました。食事の配給を担当していたのは、刑が確定し府中刑務所に収監されている囚人の皆さんでした。私のように刑が確定していない未決の容疑者は、本来は未決の容疑者だけが収監される拘置所に入るのですが、この頃はその拘置所が逮捕された学生たちで満杯となり臨時の処置として刑務所の独房が使われていたのでした。私が未決の容疑者であることは、頭が坊主でないことなどから明らかでした。当時、府中刑務所の独房は、逮捕されたあと起訴され同じように未決のまま拘束されてしまった学生の容疑者たちによって埋めつくされていました。

食事の配給は、いつも決まった囚人によっておこなわれていました。そうなると、配給を担当している囚人と一日三度の食事のたびに顔を合わせることになります。小さな窓からの一瞬のやり取りですが、一日三度の接触を毎日繰り返していると、誰が配給を担当しているのかが分かってきます。だからといって通常は何事も起こらないのですが、その日に限って突然にも丸められた紙くずのような何かを、その囚人がこそっと投げ込んでいったのでした。

突然の出来事だったので戸惑いました。

不可解でもありました。

いったい何だろう？

さっそく丸められ投げ込まれたその紙くずを、ゆっくり開いてみると……

仰天しました。

投げ込まれた丸い紙くずは、私の独房の斜め右側あたりに収監されているだろうと思っていた、田村正敏氏からの手紙だったのです。

府中刑務所の独房に収監されてから何日かが経ったころ、毎朝繰り返される点呼の声のなかに聞き覚えのある声があることを私は気づいていました。その声は、同じ日に同じ集会に参加して捕まった田村氏の声に間違いありませんでした。私は、毎朝その声を聞くことで、そして私が「五三四三番」と叫ぶことで、お互いが元気で何とかやっていることを伝達するやり取りをしていました。朝一番に発せられる声の調子で、収監されている人間のその日の体調までが伝わってきました。府中刑務所に収監されていた未決の学生たちは、みんなきっと同じ思いだったでしょう。厚いコンクリートで仕切られた部屋に鉄格子のはめられた小窓が一つ畳が一枚敷かれただけの独房で、朝の点呼は、同じ環境で生活している仲間たちと細やかな感情を交えることのできる大切な瞬間でもあったのです。

その瞬間の隙間に滑り込むように、丸められた紙くずが舞い込んできました。

開いた紙には『府中刑務所通信』というタイトルとともに、細かな字でどんな独房暮らしをしているのかが書かれていました。内容は、毎日腹筋運動を何回しているといった類のたわいのないイラスト入りの生活記録でした。そして最後の行に、配給係の囚人にお菓子と一緒に手紙を渡せば、返信が自分の独房に届けられると記されていたのです。私たちは刑務所に収監されてはいましたが、まだ罪状の有無が決まっていない未決の収監人だったため、刑務所の売店で販売されている菓子類の差し入れが許されていました。私の手もとには、面会に訪れた家族や友人が差し入れてくれたお菓子がたっぷり置いてありました。しかし、刑に服している囚人たちは自由に物品を入手できなかったため、一つの菓子でも貴重だったに違いありません。その貴重な菓子と引き替えに手紙を運ばせようと、斜め前の独房にいた田村氏は考え実行したのでしょう。驚天動地、心底びっくりでした。刑務所に収監されている環境にもかかわらず何かを仕掛けようという精神の余裕と遊び心に、私は圧倒され驚かされたのでした。

それにしても、ここは刑務所の独房です。

その上、私たちは現行犯逮捕され起訴され収監されている身です。

「スパイ大作戦」の真似事をしているわけではないのです。

でもこの出来事は、見方を変えると、囚人の弱みにつけ込みお菓子という賄賂を使って思い通りに他者をコントロールしようと田村氏がもくろんだ極めて巧妙で政治的な作戦行為でもありました。いわば田村氏は、日大全共闘書記長としての政治的な手腕を、府中刑務所に収監されてからも遺憾なく発揮していたのでした。

田村氏はこの発想力と遊び心とを日大闘争でも役立てていたのでしょう。日大闘争の記録となった『叛逆のバリケード』は、田村氏のこの発想力から生まれた本で、日大闘争を全国に知らしめるとともに日大全共闘の財政をも潤しました。また後に北海道へと渡り、羊飼いをしつつ北海道知事選挙に当時社会党衆議院議員だった横路孝弘氏を擁立しようと呼びかけ「横路孝弘と勝手に連帯する若者連合」を結成して選挙戦に勝利し勝手連旋風を起こしたのも、同じ発想力のたまものでしょう。

そしてその『府中刑務所通信』は、府中刑務所にいる間に何回かにわたりお菓子を手に入れた囚人によって配達されました。お互い囚われの身だったため、たいした中味の通信にはなりませんでしたが、私と田村氏との友情や連帯感を深めていくには役立ちました。

府中刑務所の独房に収監されていた期間、小さなラジオからは加藤登紀子の『ひとり寝の子守歌』が流れ、正月には鯛をかたどった供物が食事のときに配給されました。厳寒の二月の深夜には日大全共闘の中村克己さんが右翼に襲撃され危篤であるとの電報が届けられました。また一九七〇年三月三一日に、共産主義者同盟赤軍派による日本航空351号便「よど号」のハイジャック事件が起こった日には、新聞の一面全面が真っ黒に塗られた読売新聞が独房へと配達されました。

そんな環境のなかで『府中刑務所通信』を介しての危険な遊戯は、私と田村氏の心を密やかなやり取りを通して暖めてくれたのでした。

そして一九七〇年七月一〇日、田村正敏さんとともに私は府中刑務所から無事に下獄しました。府中刑務所の正門玄関前には、日大全共闘の仲間たちをはじめ救対や救援会の皆さんが出獄者の出所を待ち受け小集会を開催してくれました。

政治の季節が終焉を迎えていた一九七〇年七月以降の風景のなかで、私は静かになった世間の空気を感じながら日大全共闘として生きていく道を探しました。芸術学部闘争委員会の全共闘有志たちによって結成されていた「現代演劇研究会」の仲間たちと、鉄柵と検問体制が敷かれていた江古田校舎に突入して即興劇を演ずるなど、笠井賢一や青木清といった面々とともに演劇活動に取り組んでいました。

同時に私は、「9・30大衆団交一周年　日大法学部・経済学部奪還闘争」で逮捕され起訴された被告として裁判闘争にも参加していました。

裁判は、府中刑務所の独房に収監されていた私と田村正敏さん、法学部闘争委員会の山村久雄さんとの三人による統一裁判になりました。三人の被告は日大闘争の正当性と正義とを主張し、担当弁護士の田賀秀一氏は日大全共闘の「無罪」を強く主張しました。

私たちの訴えに対して、裁判官による判決が言い渡されました。その「日大九・三〇闘争判決」のなかの「量刑理由」で裁判長は、日本大学当局の姿勢と日大闘争に対する日大全共闘の取り組みについて、こう指摘しています。

「量刑理由――本件行為は全共闘派学生らによるいわゆる日大闘争の一環として行われたものであることが明らかであるところ、本件に至るまでの日大における紛争の経過を見ると、紛争の発端となったいわゆる使途不明金（それは後に闇給与とそれに対する源泉徴収の脱漏であることが判明した）問題等に現われている経理の不明朗、学生運動に対する極端な嫌忌と学生自治に対する厳しい規制、著るしい定員超過の学生の在籍とこれに見合わない施設の状況等もともと日大の大学運営には他大学にくらべて問題が多かったうえ、紛争中における大学当局側の動きあるいは対応措置の中には、たとえば体育系学生と称される者等を用いての全共闘派に対する実力的対抗行為と見られても仕方がない状態があったこと、大学側の約束違反（とくに大衆団交について、昭和四三年八月四日に一度その約束を破り、その後同年九月二一日付会頭から全共闘議長に対する回答書中で右違反について謝罪し今後はいかなる約束をも必ず守る旨明言しながら、同年九月三〇日に確約した同年一〇月三日の大衆団交を拒否したことは顕著な一例である。）、九三〇大衆団交での確約事項についての実行が遅れている一方、安直な疎開授業等によって予定どおり卒業生を送り出そうとしたり、全共闘派に対する厳しい警戒体制を敷いて授業を行なって全共闘派の一層の反感を買ったこと、さらには本件直前において新寄附行為に基づく大学の新執行部に一度責任をとって退陣したはずの古田前会頭が名前だけ替えて会長という形で居すわった外同様に責任をとったはずの旧理事が新執行部に加わったことなど、甚だ不当、不適切あるいは常識上理解に苦しむことが多く、これらのことが全共闘派の学生をして「大学当局は大学の根本的改革に誠実に取りくもうとせず、ひたすら学生に対し暴力的ないし欺瞞的手段を用いて紛争の表面的な収拾のみを図ろうとしているもので、このような大学当局に対してはさらに強い闘争手段によって抗議を示す必要がある」との思いに傾かせる一つの大きな原因となったことは否定し難く、結局少くとも大学側が本件に対する有力な動機原因を与えた点は、被告人らの刑責を定めるについて斟酌すべき事情として本件量刑にあたり被告人らに有利に考慮しなければならない。（後略）東京地方裁判所刑事第一二部　熊谷　弘　」

（『無尽』創刊号　資料「日大九・三〇闘争判決（抜粋）」より）

東京地裁の判決は「日大の大学運営には他大学にくらべて問題が多かった」ことや「大学側の約束

違反」の数々を列挙し、大学当局に「甚だ不当、不適切あるいは常識上理解に苦しむことが多く」あったと述べています。何度読み返してみても、不当で不誠実で誤っていたのは「日本大学当局」であり、正義は「日大全共闘にあった」とはっきり述べている判決です。

内容は大学側に大変厳しい判断を下していますが、判決としては田村正敏さんと私が「凶器準備結集罪」山村久雄さんは「凶器準備集合罪」にと執行猶予は付いたものの有罪として罰せられたのでした。言わば、正しいことを主張し要求した日大全共闘は罪に服し、悪事を働いた古田重二郎以下大学当局には何のお裁きもなし。分かっていた結論だったとはいえ、納得のいかない受け入れがたい思いが残りました。

府中刑務所を出獄してからこの「日大九・三〇闘争判決」が下るまで、私は何度も公判が開かれた霞ヶ関の裁判所に出廷しました。統一公判だった三人は公判が開かれる度に顔を会わせていましたが、その時に田村氏から声をかけられたのでした。

田村氏は、自分のかかわった日大闘争の経験を何らかの形で記録しておきたいという思いを私に語りました。日大闘争が、マルクス主義や左翼イデオロギーにもとづいた学生運動とは違う全共闘による運動だった経験を伝えたいと語りました。

そして「一緒にやらないか」と私を誘ったのでした。

今思うと、この時に田村正敏さんが日大闘争について語ろうとしていた意味を、私は十分に理解していなかったように思います。でも私は、自らの経験を記録していくことの大切さを真剣に語る田村氏の意気込みに、新鮮な未来への息吹を感じていたのでした。

「いいですよ。やりましょう。私に何ができるか、分からないけれど……」
こうして私は、無尽出版会の設立に加わることになったのでした。

三．『無尽』創刊

山手線の大塚駅から歩いて五〜六分、商店の並んだ街の一角に「大塚東洋堂」という小さな書店が開店しました。雑誌などの定期刊行物は大手の取次に直接仕入れに行き、書籍は出版社から直に預かって書棚を埋めていくユニークな自主自立型の書店です。店を開いたのは日大全共闘文理学部闘争委員会に所属していた神田賢さんと東洋大学出身の大島明美さんでした。神田氏は一メートル八〇センチを超えるがっしりした体格に剣道四段の腕前で、日大全共闘の実力闘争の強度を象徴するような人物でした。その神田賢さんが書店「大塚東洋堂」に常駐し無尽出版会の事務局を一手に担っていました。その「大塚東洋堂」の奥にあった小さなスペースに、無尽出版会の事務局が置かれていました。文理学部闘争委員会から参加したもう一人の操上光行（ゴリさん）と田村正敏、神田賢、私の四人を中心に無尽出版会は出奔しました。

三橋　神田もゴリさんも無尽出版会にかかわったけれど、その切っ掛けは何だったんですか。私とも、そこで出会うことになったわけじゃない……

神田　それはゴリさんに誘われたからだよ。ゴリさんから、無尽出版会をやるので手伝ってくれって言われたんだ。
三橋　そうなんだ。ご存知ない方もいると思いますが、『無尽』という田村正敏さんが日大闘争の経験を伝えていこうと呼びかけて始まった冊子がありますが、その田村さんのはじめの嫁さんが文闘委の忍さんで、ゴリさんの連れ合いの直ちゃんと姉妹だったんです。だから二人は義理の兄弟ってことだよね。そんな関係からゴリさんは無尽出版会に係わり、神田を誘ったんだろうね。大塚に神田が書店と事務所を兼ねた大塚東洋堂をひらいて、そこがみんなのたまり場になり活動の拠点になったじゃない……。
神田　そうだね。東洋堂という書店を開いて、その奥の部屋を無尽出版会の事務所として開設したんだけれど、マスコミの連中をはじめ全国からいろんな人たちが訪ねてきましたね。そのことだけで何冊もの本がかけるくらいの出来事がありました。

（『日大闘争の記録——忘れざる日々』第六号、二〇一五年九月一〇日刊）

二〇一四年に鬼籍に入った操上さんを追悼する「操上光行さんを偲ぶ集い」で、司会進行役の私と神田氏が話しているとおり、無尽出版会の事務所には全国からさまよえる全共闘戦士とその支持者たちがたびたび訪ねてきては議論を交わしていました。
その狭いスペースの無尽出版会事務局で開かれたはじめのころの集まりで、『無尽』の出版が決まりました。当初から構想を描いていた田村氏が編集方針から書き手の選定や依頼までをすでに決めていたようでした。田村氏が創刊号を刊行するにあたってこだわっていたことが二点ありました。一点は、日大全共闘議長の秋田明大さんと東大全共闘議長の山本義隆さんの二人を誌面に登場させること。

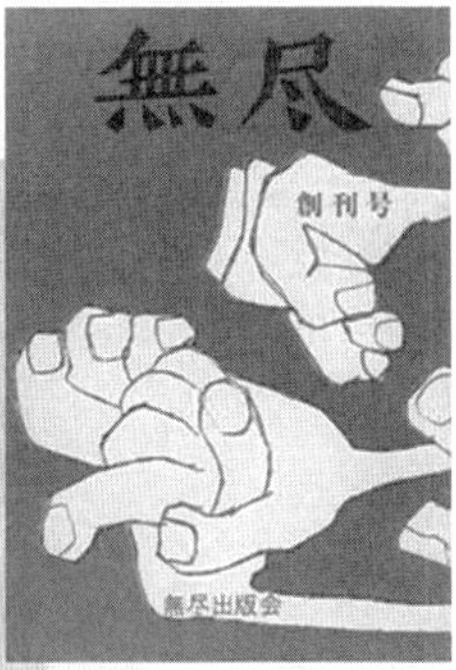

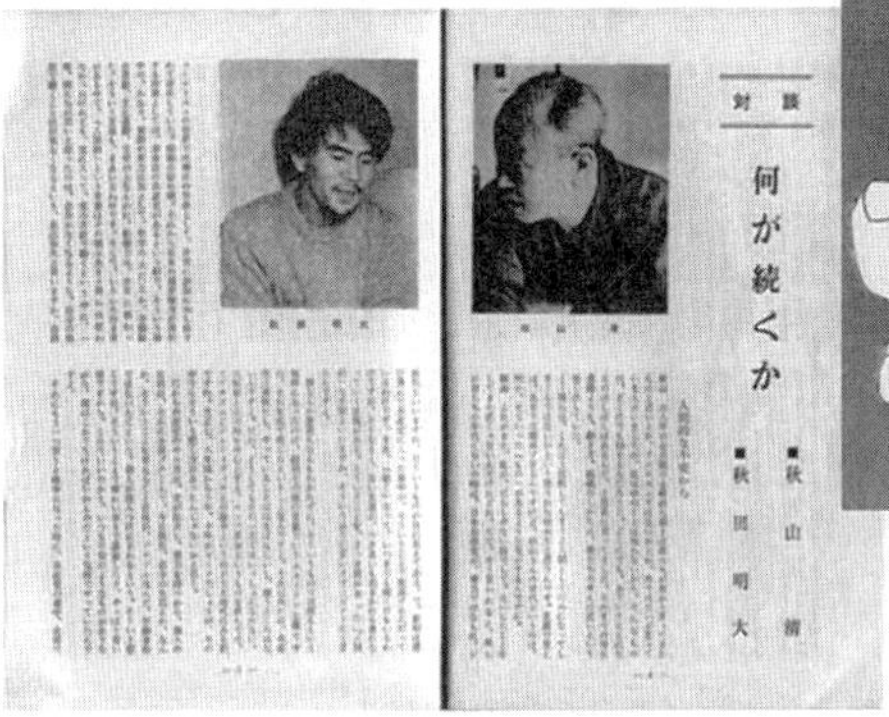
対談
何が続くか
■秋山清
■秋田明大

そしてもう一点は、日大全共闘の面々にできるだけ多くの原稿を執筆してもらうことでした。

『無尽』の創刊号には、当時手作りの詩集を刊行していた秋田明大さんとアナキスト詩人秋山清さんの対談が掲載されることになりました。しかし、田村氏がこだわっていた山本義隆さんからの原稿がもらえず、編集会議で「なんとかしなくちゃなぁ」としきりに画策していました。結局、山本義隆さんからは公判で闘争当時東大総長だった加藤一郎と議論を闘わせた「公判調書」を借りられることになり、なんとか目的は達成されたのでした。

そして私は、無尽出版会の編集会議で決まった約束どおり、原稿用紙に文をしたためて次の会議に出席しました。その時の田村氏の嬉しそうな顔を、私はいまでも忘れていません。

私が原稿用紙を田村氏に手渡すと、受け取った田村氏が原稿を読むことも確認することもなく「三橋の原稿は『無尽』創刊号の巻頭論文にする」との独断による決定をその場で下したのでした。

私の文章は「愛した季節への惜別」と題して『無尽』創刊号の巻頭に掲載されました。

このころ私にとって主題だったのは、最後まで闘った日大闘争からどのように距離をとり離れられるかでした。日大闘争を否定するのではなく、自分を否定するのでもなく、でも楽しくて心地よかった日大闘争が政治闘争に巻き込まれ方向転換してしまった地点から脱出しようともがいていました。苦しくて困難な運動に変質していった日大闘争に、いったん別れを告げようとしていたのでした。

私は、日大闘争とともに過ごした「愛した季節」に「惜別」の挨拶を告げて、次の新しい自分に向かって跳躍しようとしていました。今を、そしてこれからやってくる未来を輝かしく生きることこそ、1968年から六九年へと続いた「愛した季節」を甦らせる道だと考えていたのでした。


田村正敏さんが創刊号に書いたのは「出発することの意味」でした。

〈三千世界にあなたがいなきゃわたしゃ生きてるかいがない　都家かつ江〉


田村さんが「出発することの意味」の冒頭に掲げた一行のエピグラムです。

「あなた」とは、日大全共闘の仲間たちを指していたに違いありません。

そして「出発することの意味」は、最後にこう締めくくられます。

「何度も言う。私の視点は六八年にある。この中から自分の語った事、した事、関係した事、失敗した事を多くの人々と見つめる事を私は希望している。

記憶を整理しはじめる事を要求する。

記憶は風化する。それは個々人の感性の内部にとどまる事は不可能だし、そうさせてはならい。それが愉快なものであれ不愉快なものであれだ。私達はなるべく、合理化が始まらない内に、経験を、自分達の生活の言葉にし、外存化させ、他の経験と闘争させるべきではないか。内からの努力を。沈黙する事は、現状を認める事でしかないのだから」

（田村正敏「出発することの意味」『無尽』創刊号、一九七三年刊）


私だけが、明日への希望を求めていたわけではありませんでした。

日大全共闘書記長の田村正敏さんも、新たなる人生に向かって出発しようとしていたのです。ただし、出発の前に成すべき事があると考えていました。その事が、自分にとっても日大闘争を共に闘った仲間たちにとっても必要なのではないかと語りかけていました。田村氏は、私たちが命を賭して取り組んだ日大闘争のなかで「語った事、した事、関係した事、失敗した事」の経験を自分の言葉で書き語り外に出し、それを「多くの人々と見つめる事」を希望していました。

私もまた同じような思いを抱いていたのでした。

『無尽』は、その作業を実現していくためのプラットホームだったのです。

一九七三年五月三日、『無尽』の創刊号は無事に刊行されました。

四・「語り継がれるべき歴史」はあるのか

無尽出版会の取り組みは、『無尽』の刊行に留まりませんでした。

「大塚東洋堂」に設けた無尽出版会事務所には、全国から多くの皆さんが訪ねてきました。事務所ではたびたび話し合いがもたれ、全共闘経験を記録し伝えていくことの意味や取り組みについての議論が交わされていました。また、本や活字だけでは伝えられない全共闘経験の「魂」を伝えようと、『伝説のコンサート』と銘打った音楽祭を神田の共立講堂で開催したりしました。

私は、アルバイトで稼いだ給料をつぎ込んで、無尽出版会にかかわりました。

全共闘経験を語り継いでいくことに、無心になって取り組みました。

刷り上がった『無尽』は、鞄に入れ背中に背負って書店や古本屋に持ち込み、販売してもらいました。大変でしたが、厳しいことばかりではありませんでした。新宿の模索舎や紀伊國屋をはじめ高田馬場や池袋にあった芳林堂書店、横浜の有隣堂にまで直に持ち込み販売をお願いしました。時代の空気は、無尽出版会に好意的でした。大手書店の担当者のなかには全共闘経験を伝えたいという『無尽』の思いを受け止めてくれる店員さんもたくさんいました。お願いした皆さんには、暖かく迎え入れてもらえました。

『無尽』の第二号は、一九七三年一二月五日付で刊行されました。

意気込んで勢いよく『無尽』を刊行し『伝説のコンサート』を開催した無尽出版会でしたが、全てが上手く進んでいたわけではありませんでした。

そんな中、無尽出版会に突然新しい風が吹き込みます。京都大学でドイツ語の教授をしている好村冨士彦さんという方から届いた一通の手紙でした。その手紙を受け取った田村氏が編集会議に持参し、『無尽』を読んだ大学教授から連絡がきたと報告したのです。その好村冨士彦教授は、日大でドイツ語の講師をしていた時代に日大闘争が起こり、そののち京都大学へと転じていたのでした。

当時の無尽出版会の状態と、好村先生から連絡が届いた頃の様子とその後の関係について記した『好村冨士彦と無尽出版会』という私の文章があります。

「私たちは、『経験を語り合い、伝えていこう』という呼びかけがまちがいなく多くの人々に届くであろう、と、素朴に確信していた。実際、創刊号はすぐに我々の手元から消えていった。にもかかわらず、結局は、さんざんだった。私たちは『本を売る』ということについて、あまりにも素人だった。例えば、西武デパートの『当店には、全ての出版物が揃っています』という宣伝文句を頼りに『無尽』の販売をお願いしに出向いたりした。簡単に断られた。おかげで、世の中のズルさを勉強した。だが、つぎの『無尽』を出版するのに、現金が必要だという現実は何ら変わらなかった。仲間達はまだ二〇代の前半だったから、元気は喪失していなかったけれど、いい知らせはなかなか届いてこなかった。どちらかというと『解ってもらえないなあ』という気分が強かった。

それでも『無尽』二号は、さらに意気込んで刊行した。巻頭の座談会を『〈近代の超克〉を越える歴史的な内容にするぞ』と田村は意気込んだ。私は、当日の司会を担当し、ほかに『語り継がれるべき歴史——ボク自身にとっての日大闘争』という連載をスタートさせた。一九七三年一二月五日に二号は刊行された。また無尽出版会は、『無尽』の出版以外にも『伝説のコンサート』というイベントを共立講堂で開催したりと、活動内容をひろげていた。それら数々の活動を繰り広げていく中で、一つだけ明らかになっていったことがあった。それは、『無尽』の出版も含めて、我々が活動を積み重ねていけばいくほど、確実に借金が増えていく、という現実だった。みんなの気持は萎えていなかったけれど、資金のほうは涸れていった。

次の『無尽』三号をめぐって、いきおい気分はもりあがりに欠けていたと記憶している。好村先生からの連絡は、そんな気分の中で、次の『無尽』をどうするのか、という編集会議の議論の最中に届けられたのだった。

無尽出版会のメンバーは、日大全共闘の闘争に最後まで残って係わり続けた人間たちによって構成されていたが、日大の全ての状況を把握しているわけではなかった。

当初京都大学の教授と伝えられた好村氏が、かつて日大の講師で、紛争の最中にどんな立場や行動をとっていたのか、といった当時の事情について、無尽出版会のメンバーで知っているものは誰もいなかった。新しい情報が欲しかったし、貴重だった。『無尽』の販売や借金など、大変なことばかりが続いていた無尽出版会の活動は、好村先生からの連絡で、いわば一筋の光明が届けられた、という感じになった。頑張って何かをやり続けていれば、必ずや僕たちの意志を受け取ってくれる誰かに出会えるのだ、という単純な歓びが、久しぶりに無尽出版会を包んだのをはっきりと憶えている。

　たった一つの、遠方からの便りが、無尽出版会をどれほど『励ました』ことか。好村先生からの連絡は、無尽出版会がまさに求めていたもの、そのものだったのだ。私たちは、『無尽』という場に、多くの人の参入を望んで、原稿を募集していた。全共闘運動について考え、その経験を後の世代に伝えていくという作業を、少しでも大きなうねりの中で作り上げていきたいと考えていたからだ。闘争の中心に参加した者たちだけではなく、路上でカンパをくれたサラリーマンや闘争に参加できなかった学生の声も、同時代を生きた者の経験として伝えていきたいと考えていた。

『私の経験を、〈無尽〉に書かせてほしい』というのが、好村先生からの連絡内容だった。編集会議でそのことが伝えられた時、私は『ついに来た来た。やったぞ』と思った。好村先生からの連絡は、無尽出版会の呼びかけに、まさにストレートに応えてくれた内容だったのだ。

　編集会議で、『無尽』三号に好村冨士彦氏の寄稿文を掲載することが決定した。

　文章が私たちの元へ送られてきた。『不可視の渦の原点へ――日大闘争総括のための一視座』というタイトルだった。その文は「無尽」三号に掲載され、こう書きはじめられている。

『それは巨大な渦のようなものだった。歴史の流れに沿って、その流れのただ中に忽然とそれは現れ、流れを激しく乱し、流れの向きそのものを変えるかに見えたほどだった』と。

　さらに『その渦中にあった者は、いつまでもこの渦に固執せざるをえない』こと、その原因は社会的に大きな問題だったから、ということではなく『その渦はそれに多少なりともかかわりあった者の心に消しがたい何かを残していったからなのだ』と記している。

私は現在、この文を書くにあたって、あらためて好村先生の文章を読み直し、初めてこの文章を読んだときと同じように涙を流した。人が、何かに自分自身を向ける時の真摯な態度とは、どんな形として可能なのかということを、文章を通して知らせてくれた作品として、私はこの文章を読んできた。

好村先生はこの文章を書くに至ったきっかけとして、『無尽』二号に掲載されている、座談会で司会をした私の発言と、私が連載を始めるにあたって呼びかけた文章を引用してくれている。私は、その記述内容に、いたく心をうたれた。激しい強度で『励まされた』のだ。私の文章の稚拙さを越えて、文から魂を丁寧にすくい取ろうとしてくれている姿勢に、私への静かな挨拶と激励を読みとった。私だけではなく、無尽出版会の仲間たちは同じように好村先生からのメッセージを受け取った。

それから好村先生との交流が始まっていった。東京で会うときは、たいてい新宿の『石の家』という中華料理屋だった。私たちの活動報告やグチ、文句のたぐいを、今にして思うとよくもまあ親身になって聞いてくれたものだ。『ワッハッハ』と笑いながら、いつだって激励してくれた。

ここまでで済んでいたら、この話は、ちょっとした『師と弟子』のエピソードといったところで終わりだろう。だが私たちは、このあと信じられないような強烈なパンチを好村先生からもらうことになったのだった。

無尽出版会は、『無尽』の三号を出し終え、パンクしていた。赤字を埋め合わせるために持ち寄る分担金ですら、毎月集まらなくなっていた。次の『無尽』について、話題にすらなっていなかった、そんな時のことだ。好村先生から『〈無尽〉の四号を京都無尽で出版させてもらえないだろうか』という連絡がとどいたのだ。『出版させてもらいたい』って、本当に。正直、信じられなかった。連絡のあと私にかかってきた電話の声を今も忘れない。先生は私にはっきりとこう言った。『三橋君、書いてよ。君の連載が載らなくっちゃ、〈無尽〉出す意味ないんだからね』。

私は、改めてその励ましをたよりに、『無尽』四号に寄稿した。一九七六年一一月三〇日『無尽』は無事出版されたが、費用をどう工面したかなど詳細は、いまだに知らない」

（『考えることは乗り越える事である』好村冨士彦遺稿・追悼集、三元社）

全共闘経験を記録し伝えていこうと挑んだ無尽出版会の取り組みは、その思いを届けることのできた人たちからは暖かく支援され支えられながら続けられました。中でも、好村冨士彦先生からの激励と支援は、特別な力となって私を、そして無尽出版会の取り組みそのものをも支えたのでした。三号まで刊行された『無尽』は私たち日大全共闘の手もとを離れ、日大闘争に特別な思いを抱きつつ係わっていた一人のドイツ語講師によって受け継がれ、京都無尽から『無尽』四号として刊行されました。

私は引用した『好村冨士彦と無尽出版会』を、二〇〇二年に亡くなられた好村冨士彦先生の遺稿・追悼集『考えることは乗り越える事である』に書かせていただきました。

亡くなられる前に、好村先生から電話があったことを今も鮮明に覚えています。話は、自分が保管している日大闘争関係の資料をどこかに託したいという内容でした。私が当時無尽出版会の操上氏が係わっていた「68～69を記録する会」を紹介すると、そこに送っておくとの返事でした。大切に保管してきた日大闘争の資料を整理し後輩たちに託し、好村先生は静かに旅立っていかれたのでした。

私は『無尽』の二号から連載をはじめていました。

好村冨士彦先生の原稿「不可視の渦の原点へ——日大闘争総括のための一視座」は、その二号の巻頭座談会で司会をしていた私の発言と連載に心を揺さぶられて書くことになった作品だったのです。

「しかし私はいまだにこの『総括』の作業にとりかかれないでいる。その私に対して、先の二号の司会者の言葉に続いて、三橋君の次の文は、心の底の沈澱物まで強くゆさぶる力を持っていた。

「ボクはどうも、現在沈黙せざるを得なかったりとか、沈黙する事を良しとする人達の多くに、何か、一見、理論的では無いという事や、充分に語りつくせなかったりすることによって、一見カッコ悪くなってしまうという事に対する、蔑みがあるように思えてならないのだ。昔のように理論的であったり、昔のようにカッコ良かったりする事を、そうゆう人達は望んでいるのだろうか。そのような理論信仰や、カッコイイ信仰は、もはや、キレイサッパリと捨てさるべきではないだろうか。そして、自分の言葉で、自分の歩んできた道を、今すぐに語りはじめるべきなのだ」

そうだ、その通りだ！　私はそう思う。しかし筆をとって考え始めると、たちまち私を襲ってくるのは恥辱の感情である。お前は『敵前離脱』などと言いながら、すでにそれ以前に敵に降伏してしまっていたのではないか。一九六九年二月の津田沼キャンパスでの生産工学部一年生の授業再開のとき、お前は授業を拒否しなかったではないか。それればかりか、それに続く習志野キャンパスのバリケード撤去後のロックアウト体制の中で真夜中ガードマン並みの立ち番をやらされ、全共闘の学生の侵入を見張ったではないか。まさにそうだ。その事実を突きつけられれば、私は絶句するしかない。すでに敵に降伏し、自己破産した人間が、何で『総括』などという大それたことができるだろうか。私かこれまで書こう書こうと思いながらも、日大闘争について直接何ひとつ書けないでいた一番の理由はそこにあった」

（好村冨士彦「不可視の渦の原点へ――日大闘争総括のための一視座」『無尽』第三号）

好村先生の作品中に、私が連載をはじめた「語り継がれるべき歴史――ボク自身にとっての日大闘争」が引用されていました。全共闘経験をめぐる一編の文章が、このように他者へと伝わっていくことの不思議と嬉しさとを私は噛みしめることになりました。と同時に、「ボク自身」のことを書くことが、何らかの社会的な影響と責任とを生みだしていることも実感させられ、身を引き締められる思いでした。

そして何よりも、好村先生が日大闘争にかかわってきた自らの経験と正面から向き合おうとしている実直な姿勢に、私はいたく心を打たれたのです。

この頃私は『無尽』の刊行を通して語ろうと考えてはじめた連載に「果たして、これでいいのだろうか」という疑念を抱いていました。それは「語り継がれるべき歴史」というタイトルを付けた自らへの反問でした。私は『無尽』での連載を「ボク自身」の経験しか書かないし書けないと思っていました。日大闘争の記録とは、多彩で多様な個人の経験を数多く集めた内容にならなければ正確で正当な記録にならないと考えていたからです。日大の不正や姿勢に抗議して一度でも拳を挙げた学生や、街頭でのカンパに協力してくれた一人ひとりの思いを可能な限り集められなければ日大闘争の記録にはならないと思っていました。その一人でしかない私の全共闘経験を、語り継がれる「べき」歴史であるとタイトルを打っていいのだろうか。当初は意気込んで「べきだ」とタイトルを付けながらも、私は「べき」という姿勢を構えたことへの疑念と反省とを抱いてもいたのでした。

好村先生の原稿は、そうした私の疑問にやさしく応えてくれていました。日大闘争や全共闘運動の記録にとって何よりも大切なのは、知識人や学者によってなされる全体の評価や歴史的位置づけなどではなく、闘争や運動に参加した一人ひとりの全共闘経験であることを、私に向かって語りかけていたからです。

日大闘争や全共闘運動について、大文字の歴史や社会的評価ではない「ボク自身にとっての日大闘争」を記録していくことが「語り継がれるべき歴史」の一つであることを、好村先生は『無尽』への寄稿と「京都無尽」による四号の刊行によって自ら実証してくれたのでした。

五．全共闘経験の履歴

1968年に沸騰した日大闘争に参加し、私は日大全共闘に成りました。

全共闘経験は、その時点から始まりました。

バリケードという拠点で、路上の解放区で、私は棒を振り飛礫《つぶて》を打ち世界に向かって異議申し立てを叫びました。拳を突き上げ、大声をあげて、正義を訴えました。その一つの結末が、府中刑務所での十ヶ月におよぶ独房生活であり裁判による有罪判決でした。

その時点から私は「凶器準備結集罪」という犯罪履歴の書き込まれた人生を歩んでいくことになりました。無尽出版会を仲間たちと設立し臨時労働者として収入を得ていく道を選択したのは、犯罪履歴を背負った人生の延長でもありました。『無尽』を制作し背中に背負って売り歩くことが日大闘争の持続であり全共闘運動の延長であるような人生が、私にとって自然な流れになっていきました。

全共闘経験とは、棒を振り飛礫を打つことに限られてはいません。

全共闘に成ることから始まった生き方の一つ一つの選択と実践が、全共闘経験として蓄積されていきました。

日大闘争に参加したことで、私は全共闘経験という履歴を手に入れたのでした。

全共闘経験は、日大全共闘に成ったときから、単独者として愉快に清々しく自己組織化運動を展開していった結果、身体や感覚に浸透し血肉化していきました。無尽出版会での数々の経験も、日大闘争と同質な全共闘経験として私に堆積しました。全国からやって来た全共闘仲間たちとの会話やマスコミとの情報交換も、私にとっては全共闘経験を多彩に多様に色付けし深化させていく時間になりました。無尽出版会を訪ねてきた早稲田大学全共闘の津村喬さんや木村進さんたちとは、田中角栄による「ロッキード事件」の真相とその社会的背景を追及した市民新聞『週刊ピーナッツ』の刊行などの共同作業に取り組みました。『週刊ピーナッツ』は同世代の全共闘とベ平連が編集と事務局とを担っていた市民運動でした。主幹に津村喬さん、編集長に吉岡忍さんが、事務局に遠藤洋一さん、木村進さんと私が陣取りました。私にとって『週刊ピーナッツ』へのかかわりは、全共闘経験を日大全共闘という枠組みを越え同世代と共有していく機会になりました。

無尽出版会は、地域社会のなかで全共闘経験を活かしていく道を模索していました。『大塚東洋堂』のような自立した書店を地域で社会活動を進めていく入り口にし、暮らしを成り立たせていく生活の場をつくり、住民が集まる拠点として全国各地へと拡げていく構想を描いていました。それは、全共闘経験を日常生活と社会活動とが両立する新しい暮らし方に適応させていこうという試みでもありました。言わば全共闘経験を新しい暮らし方へと翻訳し、全共闘に成った一人ひとりがそれぞれ地域に溶け込んで新しい社会を創造していこうという呼びかけでもありました。実際に、田村氏は自らの出身地である埼玉県川口市に『東洋堂』書店を起ち上げ、神田の書店街には『アジアブックセンター』という拠点を開店しました。

全共闘運動の経験を日常生活と社会活動の拠点づくりに活かし、大企業や資本に依存した生活から離脱して暮らしていく試みに、無尽出版会は積極的に取り組もうとしていました。「自力で生きていくこと」が、日大闘争を持続していく志と重なっていきました。全共闘運動に参加した多くの若者たちが、全国各地で既存の制度による強制や社会的な規範によって定められた人生から離脱し、「自力で生きていく」新たなる道を探りはじめていました。

自らの力を頼りに職業を選択したり、自然と共に生きていくことを模索している全共闘たちからの便りが無尽出版会に届きました。また、国内や海外を彷徨いながら定住地を探し歩くことで全共闘経験を活かしていく道を探している仲間からの連絡も入りました。そのように、全共闘経験は学園を離れてからもそれぞれの歩みの中で鍛えられ、自らの履歴に書き込まれていきました。またそうした行動の中から、脱原発社会の実現に向けて地域社会での活動をはじめたり、農畜産地で有機農法に取り組んだりしながら全共闘運動を持続していく仲間たちも登場するようになりました。

無尽出版会を拠点にした私の活動は、脱原発社会の実現を訴えていた「地球の友」への参加や、保坂展人さんが主宰していた「青生舎」で岡本厚さんなど若い世代と話し合ったり交流しながら活動の分野を膨らませていきました。

一方で無尽出版会は、『無尽』の刊行を中断していました。原因は、制作するための資金が底をついていたからです。そこで『無尽通信』という通信誌を発刊し、無尽出版会の現状や考えを伝えていこうと試み、更に『無尽通信・ハガキ版』を刊行し、印刷代や郵送費を節約して全共闘経験を語り続けていく志を発信し続けました。

また私は、無尽出版会を拠点にして様々な分野で全共闘運動の経験を語ったり記録していく作業を続けていました。全共闘運動の経験とその背景となった大学を舞台にして書かれた三田誠広氏の小説『僕って何』が一九七七年に芥川賞を受賞すると、『朝日ジャーナル』から「全共闘世代座談会」への参加依頼が無尽出版会に入りました。私が出席した座談会は「僕らはそれほど気楽になれない――後遺症の痛みを負って」というタイトルで掲載されました。この座談会で私は、自らの経験を語ることができずに、でも他者の経験を率直には受け入れられない「後遺症」と向き合っている全共闘経験者たちと出会うことになりました。全共闘経験が、それぞれにとって極めて個人的な体験として固まってしまったのはなぜなのか。座談会で目の当たりにした実態は、無尽出版会の呼びかけに応えてくる人たちの声と重なってもいました。

全共闘が登場してから十年を経た一九八〇年、私は津村喬編著の『全共闘――持続と転形』（五月社）への協力や戸井十月編による『明日は騒乱罪』（第三書館）への執筆など、全共闘経験を対談や文筆などで記録していく取り組みを継続していました。

これらの取り組みから見えてきたのは、「志を持続する」という視点から世界を探っていくと伝わってくる全共闘経験者たちの悔いることなき生き方でした。どのような暮らし方であっても、全共闘であることを持続していこうと「自力で生きていく」道を選択して生活している多様な全共闘経験者たちの清々しさでした。

全共闘経験は、社会の様々な場面に入り込み職場にも根を張り、それぞれが歩みを続けている人生の出発点や背景や土台となって持続されていました。

二〇〇九年、全共闘運動が１９６８年に沸騰してから四〇年目を迎えた年の四月二七日、一冊の書籍が刊行されました。『１９６８年に生まれた芹沢一也さん監修による『革命待望――１９６８年がくれる未来』（ポプラ社）です。

この本は、芹沢一也さんと荻上チキさんが主宰する批評グループ「シノドス」と立教大学によって共催されたシンポジウム「1968＋40　全共闘もシラケも知らない若者たちへ」をもとにまとめられた作品です。

監修した芹沢一也さんは、巻頭の「まだ見ぬ〈現在《いま》〉へ」にこう記しています。

「要するに、かつてといまとでは、若者をとりまく環境がまったくちがう。それゆえ、生活保守主義的な志向をもつ現代の若者に対して、かつて権力に反抗した若者を対置してみても、なんの意味もないだろう。68年を神格化しようとするならば、それは滑稽なふるまいでしかない。

それゆえ本書は、『68年とはなんだったのか？』と問いはしない。訓詁注釈的な作業や想い出ばなしは、ほかの本にまかせよう。

ではなぜいま、68年なのか？

それは68年と、ひとつの〈問い〉を共有するからである。

国や企業に生活を保障されるような生きかたは、はたして人生で追求するべき至上の価値なのか？

本書が68年を召喚するのは、この問いをもって現在に介入するためだ。そしてここには、未来の歴史の創造にこそ、68年を投入したいという欲望がある。

いうまでもなく、この欲望の持ち主とは、本書に集ったわたしたちにほかならない。

68年という出来事とともに、わたしたちには語りたいことがある。

それは、『いまとは異なった〈現在〉がありうる』ということだ。68年が追い求めたのは、創造的な生であり、そして自由であった。いずれもここ日本社会では、すっかり輝きを失ってしまった理念である。

たしかにわたしたちの生をめぐる現在は、数多の困難にとりかこまれている。だが、現在は宿命的に決定されたものではないし、そこに創造性を発揮する余地がまったくないなどありえない。

現在がいかに必然的なものにみえるとしても、それでも必ずや別様なものでありうる。いまあるように存在し、行い、そして考えるのではないような、別様の存在のしかたや行いかた、考えかたは必ずある。そのような〈別様にありうる〉という可能性への信頼を、若者たちの生をめぐる想像力のうちにとりもどすこと。

これが本書のただひとつの目的である」

1968年、全共闘運動が沸騰している最中に誕生したという芹沢一也さんは、「国や企業に生活を保障されるような生きかた」が至上の価値ではないのではないかと、同時代の若者たちに向かって問いかけています。時代は変転し仕事や生活の中味は変わってしまいましたが、何かに依存することなく「自力で生きていく」人生を求めいく魂は、今を生きる全共闘たちの思いと響き合っているように感じてなりません。

そして『革命待望――1968年がくれる未来』は「あとがき」をこう記します。

「68年の熱狂は、遠く過ぎ去った。68年を受け継ぎながら、後続の世代がさまざまに思考してきた「舞台」も、荻上チキが指摘するように、すでに失われてしまっている。わたしたちはノスタルジーなど一切、抱いていない。耐久期限をこえたものは、ただ消え去るのみだ。だが、どのような時代であっても、あるいはどのような世代の人間であっても、新たな『舞台』をつくりだすためには、必ずや幾ばくかの蛮勇が必要となる。

本書が68年とともに、『全共闘もシラケも知らない若者たち』に伝えたいのは、蛮勇をもって生きた人間が過去には数多く存在したし、現在にもまだいるという事実である。そして、世界をかえようとする情熱は、今後も尽きることはないはずだ。

２００９年3月　芹沢一也」

『革命待望――１９６８年がくれる未来』は、全共闘運動に取り組み、全共闘経験を蓄積してきた私たちにも「蛮勇をもって生きた人間が過去には数多く存在したし、現在にもまだいるという事実」を伝えてくれています。また同時に「どのような時代であっても、あるいはどのような世代の人間であっても、新たな『舞台』をつくりだすためには、必ずや幾ばくかの蛮勇が必要となる」ことも語りかけています。

「耐久期限をこえたものは、ただ消え去るのみ」ですが、「自力で生きていく」ことを持続している全共闘たちは、今も消えることなく自らが選んだ道を歩んでいます。

六.「記憶」を「記録」に

1968年を起点に沸騰した全共闘運動を担っていたのは、主に戦後生まれの「団塊世代」と呼ばれたベビーブーマー世代でした。その先頭となった一九四七年生まれの干支が猪だったことから「プロジェクト猪」を名乗る集団が登場し、一九九四年に『全共闘白書』(新潮社発行、全共闘白書編集委員会編)が刊行されます。この本には、全共闘運動に係わった人たちにアンケートを送って調査を実施した回答と、事務局となった「プロジェクト猪」の呼掛け人座談会、大学当局者や教員のコメントなどがまとめられ掲載されました。

本の刊行を目的にした呼びかけに答えた日大全共闘のひとり川名和夫さんは、『日大闘争の記録——忘れざる日々』の二号(二〇一一年九月三〇日刊)に掲載された「日大闘争私史(後編)」に、その頃の様子を記しています。

「日大闘争を闘った仲間はどうしているのだろうか、このまま忘れ去られてしまうのであろうか、と思っていたところ、1993年暮れか、1994年の初め、『プロジェクト猪』なるグループが、全共闘で闘った人たちにアンケートを呼びかけていることを知った。私は、これでまた全共闘で闘った仲間とつながりが出来ると、そのアンケートに協力した。また、私が撮った写真もたいしたものではなかったが送った。

1994年9月3日市谷アルカディアで『全共闘白書出版記念パーティ』が開催されるとのことで出席の案内が来た。私は、知人もいないようなので『欠席』とした。しかしながら、事務局より前日に出席を求める連絡が来たので、仕方なく出席した。しかし驚いたことに、日大全共闘出身者は7名しかいなかった。しかも当時の幹部は誰一人いなかったのである。出席していた者たちは当時は一兵卒なのでどこかで会ったことがあるかもしれないが、顔見知りではないのでみな初対面であった。日大全共闘のいない『全共闘』なんて餡子のない饅頭と同じだと思った。それと同時に何故日大全共闘がいないのだろうかと不思議に思った。

世に中にはもっといい写真があっただろうと思ったが、『全共闘白書』および『全共闘白書資料編』には、日大闘争関係の写真には、私が提供したものが使われていた。日大闘争関係で私以外に資料や写真を提供した人がいなかったのか？　あまりにも日大全共闘の影が薄い『全共闘白書』および出版記念パーティであった。

そして出席していた7名、司会をしていた芸術学部Y氏、文理学部S氏、法学部S氏、農獣医学部S氏、商学部Y氏、生産工学部T氏、そして私は、とにかく日大だけでもっと多くの人を集められないか、と思った」

「プロジェクト猪」からの誘いに応えて『全共闘白書出版記念パーティ』に出席した川名さんたちの思いは、それからのちに「日大930同窓会」という日大全共闘たちの集う会を設立していく流れへとつながっていきます。

「『第1回日大930同窓会』開催までには、いろいろな問題が発生し、若干の世話人の入れ替わりもあったが、とにかく9月30日（1995年）の開催にこぎつけた。東京中野の『ゼロホール』で開催した。秋田議長をはじめとし、7学部41名の参加をいただいた。

午後2時より第1部として芸術学部N氏の協力を得て『日大闘争の記録』および『続日大闘争の記録』を上映した。午後4時からは第2部として経済学部のY氏の司会により討論会を行った。それぞれ自己紹介や日大930同窓会への期待など語っていただいた。第3部は場所をレストランに移し懇親会を行った。その後は2次会、3次会と午前0時まで語り合った」

（『日大闘争の記録――忘れざる日々』二号）

日大全共闘の集う場が、こうした経緯を経てできあがります。

しかし「日大930同窓会」は、かつて日大全共闘が自主的に自己組織化していったように共同作業をまとめていけなかったようです。

この頃、無尽出版会創立者四人のうちのひとり操上光行さんは「68・69を記録する会」にかかわって全共闘運動の記録づくりを続けていました。時々顔を会わせては経過報告を聞いていた私は、好村冨士彦先生が保管していた日大闘争の関連資料を整理するにあたって、その会に送るよう伝えていました。後に操上氏は「日大930同窓会」の世話人も引き受けることになります。

その操上氏が二〇一四年に急逝されたあと『日大闘争の記録――忘れざる日々』六号の「追悼特集・操上光行さんの日大闘争――追悼・操上光行さんの足跡をたどる」に、日大文理学部闘争委員会で一緒だった大場久昭さんが「身はたとひ武蔵野の野辺に朽ちぬとも、留め置かまし「粋」な魂――文闘委の愛すべき老爺・操上光行翁に捧げる『留魂録』」のなかで「日大930同窓会」（文中「九三〇」）の経過を記しています。

「2005年に矢崎薫日大全共闘副議長が関わるようになってから「九三〇」は急速に変貌を遂げた。目的意識的な運営がなされ、年次総会もシンポジウムと懇親会の二部制となった。その分、会費は割高になったが、それでも出席者は年を重ねるごとに増えていった。

今では、「九三〇」設立時の発起人は誰ひとりおらず、それどころか解任された覚本君の顔を見知っているのもわずかしかいない。前任者時代の悪しき残滓はことごとく払拭された。そして、「九三〇」という組織名称のみが引き継がれているだけである。そのことは、いくら言い旧された悪罵を放ってみても、いまの「九三〇」にとっては通らないことを意味する。事実、わたしは邪な「ヘイト・スピーチ」だととらえている。

とりわけ世話人制度を廃止し、月例会を「事務局会議」に改編してからは、「九三〇」のみならず「アーカイブス」の所管事項も協議の対象となった。「アーカイブス」の学友全員がほぼ「九三〇」の会員か、もしくはメーリン・グリスト（ML）のネットワークに重なり合っているからである。事実上、「九三〇」と「アーカイブス」は統合され、運営されているのが実態なのである。

その成果のほどは、芸闘委・眞武善行委員長による全三冊の「日大全共闘資料集」（発行「68・69日大闘争アーカイブス」）、情報の池上宣文君（経闘委一）による「日大全共闘情報局ノート」（発行「N

プロジェクト」）、そして矢崎副議長を発行人、三橋俊明君（法闘委三）を編集人とした「忘れざる日々」（発行「日大闘争を記録する会」）と、つぎつぎ上梓していったことでもおわかりいただけるだろう。

たしかに、どこにも「九三〇」の文字は記載されていない。だが、それらの企画はすべて事務局会議で検討され、財政案件もふくめて、決定したものである。

これらの出版に操上さんは欠かすことができない存在だった。レイアウトや校正、用紙の選定から印刷所への発注、宅配便の手配まで、地味で根気のいる作業に黙々と取りくみ、ひとことの愚痴も洩らさなかった。

なかでも「忘れざる日々」は、創刊号から五号まで、操上さんが実務の中心を担ってくれなければ、到底、つづけられなかっただろう。一時は入稿の遅れを取りもどすため、ご子息の謙太君や社員デザイナーを動員、残業させてまで間にあわせようとしたほどである」

「日大930同窓会」をめぐってのごたごたは、日大全共闘副議長の矢崎薫さんが会に参加しはじめた頃から落ち着いていったようです。

私は、その矢崎氏と法学部のバリケードで一緒に暮らしていた間柄でした。とはいえ、学年も立場も違っていたため、近しい仲だったわけではありません。矢崎氏は、立場からいうと日大全共闘副議長ですが、街頭デモの隊列に入って一緒にデモ行進するなど副議長としての役割とは無関係に行動していました。1968年九月四日の機動隊導入に際しても、法学部三号館のバリケードに留まって徹底抗戦に参加し、逮捕されています。法学部闘争委員会の隊列で同じようにデモをし、徹底抗戦の日に同じバリケードで逮捕されていた私にとっては、身近な一年先輩の全共闘仲間といった関係でもありました。一九六九年の春に私が「政治」とも向き合わざるを得ないと判断したときに政治党派「ML派」のヘルメットをお借りしたのは、矢崎氏の影響からでした。

その矢崎氏から自宅に郵送物が届くようになったのは、「日大930同窓会」に矢崎氏が係わりはじめてからしばらく経った頃からでした。

二〇一〇年、その矢崎氏から連絡があり吉祥寺の「ルノアール」で会いました。

矢崎氏はたくさんの資料やコピーを抱えて私の前にあらわれました。

そして私に、「日大930同窓会」への参加と、日大闘争の記録を本にする手助けをして欲しいと依頼したのでした。

実はこの時、すでに私は河出書房新社から『路上の全共闘1968』を「河出ブックス」シリーズの一冊として出版することが決まっていました。私は文筆や編集を生業にしていながらも、長いあいだ日大闘争の単行本を書く機会を得られていませんでした。その願いが、小熊英二氏の著作『1968』の出版に伴う話題が盛り上がるなかこの時期に実現することになり、作品はすでに編集担当者の阿部晴政さんに手渡し終わっていました。私は、長期間抱えてきた私自身の課題になんとか決着をつけ終えたところでした。

矢崎氏からの依頼は、本の執筆が終わった直後を測ったかのようなタイミングで、私のもとへとやってきたのでした。

矢崎氏から依頼を受けたとき頭をよぎったのは、『無尽』の経験と後始末でした。

とりわけ借金をめぐる後始末に、ことのほか苦しめられたからです。結局のところ事務局を引き受けていた神田氏を中心に操上氏と私が引き受けざるを得なくなり、やっとの思いで始末を終えたのでした。もし本気で日大闘争の記録を残そうと考えるなら、他にも様々な問題や困難が伴うことは明らかでした。この時点に至るまで何もまとめられていない現状が難しさを証明していました。全共闘経験への熱い思いを形として記録に残していく作業は、ちょっとした決意程度では実現できないことを私は無尽出版会で取り組んできた経緯から学んでいました。

「さて、どうしたものか」

思案の結果、私は依頼を引き受けることにしました。

理由の一つは、自分にとっての日大闘争と全共闘運動の経験を、一冊の書籍として刊行することが決まっていたことにありました。私はその本に日大全共闘が「誰も代表しない誰からも代表されない個人の集合体」だったと書いていました。事実、私がそうした単独者でした。本は、個人的体験として日大闘争を想起する構成にまとめられていました。それは、日大闘争や全共闘運動の実態を明らかにするなら、一人ひとりが取り組んだ多様で多彩な全共闘経験を集積していく作業から始めるしかないと考えていたからで、その思い通りに書き終えていました。

その本の「あとがき」にあたる「最後に……」で、私はこう呼びかけています。

「私に『想起せよ』と囁きかけているのは、カルチェ・ラタンであり『直接自治運動』をめぐる全共闘という経験だ。だから友よ、あなたも感覚を鋭敏にして『1968／失われた時』を求めて、全共闘という経験を想起して欲しい」

（『路上の全共闘1968』）

私は今も志を持続している全共闘たちに、自らの「全共闘という経験を想起して欲しい」と呼びかけていました。それは、全共闘経験を共に語り合い発信していく共同作業への誘いでもありました。矢崎氏からの依頼は、その問い掛けと重なっていました。「経験を想起して欲しい」という呼びかけに応えてくれる全共闘が出現したとき、その申し出にどう応じるのか。一つ一つの全共闘経験を集めていく試みに、私がどう取り組むのかが問われていました。

私が矢崎氏からの依頼を引き受けることにしたのは、本での呼びかけと重なってもいたからですが、それは私がかつて『無尽』で呼びかけたことへの再挑戦でもありました。また私への依頼は、一九七三年に日大闘争の経験を書いてくださいと『無尽』で原稿の執筆を呼びかけた私からの依頼とも重なっていたのでした。

二〇一〇年九月二六日、「日大930の会同窓会」が年に一回開催していた定例の集いを二部構成に分けて、第一部を参加者とともに日大闘争について語り合う公開座談会として開催することになりました。

発言者として、ウエブサイトで『1968年全共闘だった時代』を主宰していた山本啓さん、『新版　叛逆のバリケード』（三一書房・二〇〇八年刊）の編・著者である大場久昭さん、雑誌『情況』の一二月号特集「日大全共闘とは何か」(情況出版・二〇〇九年刊)に発言者として登場した今章さん、朝日新聞に連載されたあと『叛逆の時を生きて』(朝日新聞社・臼井敏男著・二〇一〇年刊)としてまとめられ出版された本にインタビューが掲載された入江育代さんと中村順さん、そしてこの時はまだ刊行されていなかった『日大闘争の記録――忘れざる日々』の後に発行人を引き受けることになる矢崎薫さんの六人に登壇していただきました。

全員が、日大闘争に参加した日大全共闘の面々です。

私はこの公開座談会の開催を「930の会」の事務局会議に提案し、当日の司会・進行役を引き受け、登壇者の発言と質疑応答を原稿にまとめました。そしてその原稿を巻頭に据え、日大闘争の「記憶を記録に」を合い言葉に冊子の編集・制作に入りました。公開座談会の報告の他、執筆の呼びかけに応えていただいた文章を「文集」として掲載し『日大闘争の記録――忘れざる日々』はなんとか編集・制作を終えたのでした(公開座談会の内容は『日大闘争と全共闘運動』(彩流社)に再収録)。

創刊号は、二〇一一年二月一五日付で無事に刊行されました。

そののちも『日大闘争の記録――忘れざる日々』は第二号、第三号と順調に編集・制作を続けて八号まで、概ね一年に一回程度の刊行を維持してきました。読者への発送作業は「日大930同窓会」に参加している仲間たちの有志が集まり、手作業で実施する流れが出来上がっていきました。定期読者は、もともとあった「日大930同窓会」の名簿にあちこちから集められた名簿や住所録が加わって、第八号(二〇一七年九月一〇日刊)の発送時点でおよそ六〇〇名に達しています。

結果から見ると順調に推移してきましたが、私には『無尽』を継続できなかった反省と、その過程でたびたび指摘されてきた問い掛けに応えたいという思いが創刊号を刊行した時点からありました。それは「過去を振り返っても意味はない」という意見や「大切なのは現在ではないか」といった声でした。その姿勢に、私は反対ではありませんでした。そして、だからこそそうした提言に「私は過去とどのように向き合っているのか」を伝えておきたいと思ったのです。

第四号（二〇一三年九月一〇日刊）の巻頭に、私は『1968年と「新しい天使」』と題してその思いを記しました。

『日大闘争の記録――忘れざる日々』VoL4をお届けいたします。

本誌は、「記憶を記録に」を合い言葉に、1968年を起点とした「過去」と向き合いながら編集・製作作業を続けてきました。

1968年、「暗黒と反動の歴史」と名付けた日本大学に終止符を打つべく、多くの日大生が全共闘と成って起ち上がりました。大学当局からの暴力による弾圧をはね除け、バリケードを築き、徹底抗戦や大衆団交を経ていく中で、多くの日大生は大学教育や社会制度について考え、世界のあり方に希望や理想を思い描くようになっていきました。当時、日大全共闘と共に起ち上がった人々は、一人一人が同じように、平和で不正の無い世の中を実現したいと願いながら行動していると思っていました。

私もまた1968年という「過去」の時代に希望や理想を心に刻んで歩みはじめ、「現在」もその思いを抱きかかえながら生き続けています。2010年に刊行させていただいた『路上の全共闘1968』（河出書房新社）の最後に、「私にとって現在とは、未だ達成されざる1968なのだ」と書き記した思いとは、そのことに他なりません。

今を生きる私たちにとって、「現在」が大切なのは当然のことでしょう。だからこそ私は、その「現在」を、1968年という「過去」に抱いた希望や理想を実現していくための場所／時間にしたいと願いながら、今を歩んでいるわけです。

＊＊＊

そんな私の思いと重なるように「過去」を眺めていた一人の思想家がいます。その思想家とは、近代社会の「進歩」がもたらす破壊に警告を発し、第二次世界大戦による亡命の最中、ナチスの追跡から逃れようとピレネー山脈越えを試みて果たせずに亡くなった、ヴァルター・ベンヤミンです。ベンヤミンが、前頁にあるパウル・クレーの絵をめぐって記した次の一文を、あらためて私は、今の自分に重ねながら読んでいます。

「『新しい天使』と題されているクレーの絵がある。それにはひとりの天使が描かれており、天使は、かれが凝視している何ものかから、いまにも遠ざかろうとしているところのように見える。かれの眼は大きく見ひらかれていて、口はひらき、翼は拡げられている。歴史の天使はこのような様子であるに違いない。かれは顔を過去に向けている。ぼくらであれば事件の連鎖を眺めるところに、彼はただカタストローフのみを見る。そのカタストローフは、やすみなく廃墟の上に廃墟を積みかさねて、それを彼の鼻っさきへとつきつけてくるのだ。たぶんかれはそこに滞留して、死者たちを目覚めさせ、破壊されたものを寄せあつめて組みたてていたのだろうが、しかし楽園から吹いてくる強風が彼の翼にはらまれるばかりか、その風のいきおいがはげしいので、かれはもう翼を閉じることができない。強風は天使を、かれが背中を向けている未来のほうへ、不可抗的に運んでゆく。その一方では、かれの眼前の廃墟の山が、天に届くばかりに高くなる。ぼくらが進歩と呼ぶものは、〈この〉強風なのだ」

（『歴史の概念について』野村修訳）

「進歩」という強風に吹かれながら未来へと流されていく歴史の天使の顔が、しかし「過去」にしっかりと向けられていることを、ベンヤミンは見逃しませんでした。

＊　＊　＊

今も、いつものように、風は吹きつづいています。

いつの時代も、いつでも、風は進歩と呼ばれている未来に向かって、私たちを運んでいこうとして吹いていました。風に吹かれながら、私たちは先達たちの苦闘の痕跡を拾い集めることすらできずに、便利さや豊かさに満たされた社会の方へと流されてきたと言わざるを得ないでしょう。

東日本大震災と原発事故という大惨事を犠牲にして止められるかと思った「進歩」の風ですが、今また強風となって、私たちを暗黒の未来へと運んでいこうとしています。でも、風に乗って進んでいく時間の流れを止めることは、残念ながら不可能です。

だからといって、何もできないわけではありません。

強風に吹かれながらも、顔を「過去」へと振り向けることは、できないでしょうか。

「過去」のほうへ顔を向け、「過去」の出来事やその痕跡に眼差しを向けることは、できないでしょうか。

1968年、全共闘という経験の最中で感じていた新しい世界への可能性を、あらためて思い起こし拾い集めてみたとしたら、そこから何かが産まれてはこないでしょうか。

ベンヤミンは、「現在」を変えていく道の一つとして「過去の経験へと迂回すること」があると言っています。「過去」へと回り道することで、「現在」を望むべく姿に変えていくことができるのではないか、と問いかけています。ベンヤミンは「有り得たかもしれない過去の可能性を救済すること」が、「過去」と「現在」の可能性を同時に実現していくことに繋がっていくと私に語りかけているのです。

1968年という「過去」に成し得なかった課題が、私たちの「現在」を造っているのだとしたら……あらためて「過去」の方へと顔を向けてみてはどうでしょうか。

その時、はたして私はそしてあなたは、「新しい天使」になれるでしょうか。

どんなに強風が吹こうとも、しっかりと顔を「過去」に向け続けていることが、できるでしょうか。自らの経験や他者の苦闘の痕跡をも発掘していく迂回路が、未だ達成されざる希望や理想を「現在」に実現する道であることを、しっかりと指し示すことはできるでしょうか。

その役割を『日大闘争の記録——忘れざる日々』が果たすとしたら、どうすれば可能なのでしょうか。

共に1968年へと顔を向け、果たせなかった1968年の希望と理想とを皆さんと語り合っていく作業を、もう一歩先に進めていきたいのですが、どうでしょうか。書籍の刊行などを通じて近年語られ始めている1968年や全共闘運動の内実を、多様で重層的な一人一人の経験として記録していくことは、どうすれば実現できるのでしょうか。

皆さんにご協力いただくには、どうしたら良いのでしょうか。

私は刊行を続けさせていただいている『日大闘争の記録――忘れざる日々』に、多くの方々がご参加いただき、「文集」に過ぎ去りし日々の経験を寄せていただきたいと願っています。

1968年からはじまった日大闘争をめぐる出来事を、一つ一つ丁寧に拾い集めて記録していくこと。日大全共闘と共に、新しい世界への可能性を思い描いた一人一人との友情を、探し求め集積していくこと。路上での闘争やバリケードで暮らした日々の記憶を記録し、未来へと伝達していくこと……。

忘れざる日々を想起することとは、「現在」のこの世界を望むべく姿に創り変えていくために、その原点へと回帰してみようという試みでもあるのです。全共闘によって創られていった教育や社会制度や世界との新たなる関係を再発見し、「現在」と自分とを繋ぎ直してみる作業でもあるのです。

全共闘に「総括」があるのだとしたら、そのような作業を通して「現在」と「過去」とを共に解放していく取り組みの中にこそ在るのだろうと、私は考えています。

（『日大闘争の記録――忘れざる日々』第四号）

誰にとっても「今」が大切であることに変わりなどないでしょう。ただただ「過去」を懐かしみたいだけなら、誰もいないどこかで一人で静かにおとなしくやっていただければいいだけです。

しかし日大全共闘は、「過去」を抱え「今」と共に歩んでいます。

二〇一一年三月一一日午後二時四六分、東北地方太平洋沖地震にともなって発生した津波によって、福島第一原子力発電所の事故が発生しました。東京電力による原発事故は、「自力で生きてきた」日大全共闘たちに脱原発社会を実現していくための直接行動にも取り組んでいくことを促しました。日大闘争の「記憶」を「記録」に残そうと「日大930同窓会」に集っていた日大全共闘のなかの有志たちは、「我らずーと日大全共闘」の旗をつくって路上に掲げ、原発再稼働に反対し、脱原発社会の実現に向けた行動をはじめました。

日大全共闘だけではありません。

原発の再稼働に反対し、脱原発社会の実現を求めて多くの人々が集まった集会場には、他大学の全学共闘会議の旗や日大全共闘藝闘委の黒旗も掲げられていました。デモの最中に「日大全共闘」の旗を見つけて隊列に声をかけデモに参加してきた全共闘の仲間が現れたりしました。

途中で誰かが旗を指さし、同じ隊列に並んでいた隣の誰かに囁いていていました。

「日大全共闘って、あの、日大全共闘のこと……?」

七．『１９６８』がやってきた

１９６８年が、突然炎のように表舞台に登場し、足元にやってきました。

二〇〇九年七月、小熊英二氏著の『１９６８〈上〉――若者たちの叛乱とその背景』が、続けて八月に『１９６８〈下〉――叛乱の終焉とその遺産』が新曜社から刊行されたことがきっかけでした。注目を浴びた『１９６８』は、新曜社のホームページ上でこう紹介されています。

「あれ」は何だったのか、なぜ起きたのか

本書は「１９６８年」に象徴される「あの時代」、全共闘運動から連合赤軍にいたる若者たちの叛乱を全体的に扱った、初めての「研究書」です。本書は、「あの時代」を直接知らない著者が、当時のビラから雑誌記事・コメントなどまで逐一あたって、あの叛乱がなぜ起こり、何であったのか、そして何をもたらしたのか、を時代の政治・経済的状況から文化的背景までを検証して明らかにします。その説得力には、正直驚かされます。また読み物としても、『〈民主〉と〈愛国〉』で証明済みですが、その二倍の頁数の本書においても、まったく飽きさせることなく一気に読ませてくれます。

上巻では、団塊の世代の幼少期の時代的文化的背景から説き起こして、安保闘争から日大闘争、安田講堂攻防戦までを、高度成長期への集団的摩擦現象として描きます。

下巻では、新宿事件、爆弾事件、べ平連、ウーマン・リブ、そして連合赤軍を取り上げ、「あの時代」の後半期に起きたパラダイム転換が、後世に何を遺したのか、その真の影響を明らかにします。そこではじめて、ある意味で局所的な事象にすぎなかった「あの叛乱」を取り上げた今日的な意味が浮かび上がります。

著者は一九六二年に年東京で生まれ、一九八七年に東京大学農学部を卒業した慶應義塾大学総合政策学部教員の小熊英二さん。著書は、上巻下巻を合わせると本文だけでも一八〇〇ページを超え、二巻を重ねると厚さがほぼ一一センチ、重さは二キロ以上になるといいます。原稿用紙で約六〇〇〇枚なったという作品ですが、これでも当初の草稿を六割ほどに縮小したそうです。

気鋭の若手社会学者による『1968』年論に、まだ現役のまま活躍している全共闘世代から一斉に批評や反論が噴出しました。また多くの新聞や雑誌の書評欄に『1968』は取り上げられました。『1968』を出版した新曜社は、「著者のことば」として著作の目的をこう紹介しています。

「あの時代」から現代の原点をさぐる——著者のことば

本書は、「1968年」に象徴される「あの時代」、全共闘運動から連合赤軍にいたる若者たちの叛乱を全体的にあつかった、初の研究書である。

これまで、「あの時代」を語った回想記などは大量に存在したが、あの叛乱が何であったのか、なぜ起こったのか、何をその後に遺したのかを、解明した研究はなかった。その一因は、あの叛乱が当事者たちの真摯さとはアンバランスなほどに、政治運動としては未熟だったためだと思われる。そのためあの叛乱は、当事者の回想記などではやや感傷的に語られる一方、非当事者からは一過性の風俗現象のように描かれがちだった。

そこで著者はあの叛乱を、政治運動ではなく、一種の表現行為だったとする視点から分析を試みた。すると、さまざまなことが明らかになってきた。

「あの時代」は、それまで発展途上国であった日本が、高度成長によって先進国に変貌する転換点だった。それまでの政治や教育、思想の枠組みが、まるごと通用しなくなりつつあった時代だった。そしてあの叛乱をになった世代は、幼少期には坊主刈りとオカッパ頭で育ちながら、青年期にはジーンズと長髪姿になっていた。都市や農村の風景も、急速に変貌していた。こうした激しいギャップが、若者たちにいわば強烈なアレルギー反応をひきおこし、それが何らかの表現行為を必要としたのである。

また当時は、貧困・戦争・飢餓といった途上国型の「近代的不幸」が解決されつつあった一方で、アイデンティティの不安・リアリティの稀薄化・生の実感の喪失といった先進国型の「現代的不幸」が若者を蝕みはじめた日本初の時代だった。摂食障害・自傷行為・不登校といった、80年代以降に注目された問題は、すでに60年代後期には端緒的に発生しつつあったことが、今回の調査でみえてきた。

そのなかで若者たちは、政治的効果など二の次で、機動隊の楯の前で自分たちの「実存」を確かめるべくゲバ棒をふるい、生の実感を味わう解放区をもとめてバリケードを作った。いわばあの叛乱は、「近代」から「現代」への転換点で、「現代的不幸」に初めて集団的に直面した若者たちが、どう反応し、どう失敗したかの先例となったのである。

本書が2000年代のいま、「あの時代」をとりあげる意義はここにある。「あの時代」の叛乱を、懐古的英雄譚として描くなら現代的意義はない。現代の私たちが直面している不幸に最初に直面した若者たちの叛乱とその失敗から学ぶべきことを学び、彼らの叛乱が現代にまで遺した影響を把握し、現代の私たちの位置を照射すること。本書の目的はそこに尽きる。そこから読者が何らかのものをつかみとってくれるなら、著者にとってこれ以上の幸いはない。

著者　小熊英二

『1968』の出版は、全共闘世代にちょっとした旋風を巻き起こしました。

本の厚さや価格、記述方法、事実誤認など、私の周辺でも嵐が巻き起こりました。その多くは、著作の内容と記述方法に対する批判でした。

実名で書かれている本人から事実誤認が指摘され、なぜ本人に聞かないのかといった声もあがりました。著作に登場する本人が生存しているのに、なぜその本人にインタビューをしないのかといった疑問や批判の声もあがりました。

著者の小熊氏は『サンデー毎日』の著者インタビューにこう語っています。

「とにかく、ビラやパンフレットだけでなく、雑誌や単行本もふくめて、当時の発言を読み込みました。文献資料というのは、時代のメンタリティーが冷凍保存されているようなものですから、とても貴重なんです。いまインタビュー取材などをしても、どうしても記憶が変形されてしまっています」『１９６８』は「変形された記憶」よりも、活字として残されている資料だけを素材にして執筆されたといいます。しかし批判は、そうした記述方法によって発生している事実誤認や事実確認の不十分さと誤りを指摘したのでした。

私は、そうした議論や問題点の指摘にうなずきながらも別な観点から『１９６８』と向き合っていました。何よりも、自らの無力とジャーナリズムや研究者たちの限界について以前からずっと考えさせられてきたからです。それは、一九七三年からたった四号ではあったものの自前で資金を調達し自ら編集や執筆を重ねて制作した『無尽』が、日大闘争の資料としていつも使われていないという現実を前にしてきたからでした。『無尽』は、直接無尽出版会に資料請求の要請が届いたボストン図書館と国立国会図書館の二館には資料として納品してありました。研究者やジャーナリストが調べることのできる最低限の環境は整える必要があると思ったからです。著者の小熊氏は『無尽』の存在と取り組みを『１９６８』に引用されている『全共闘――持続と転形』の私の発言から知っていたはずで、資料として活用することはできたはずです。「活字になった資料だけを使った」と述べている小熊氏は、しかし自力で地道に全共闘運動を「活字」にしてきた『無尽』は相手にせず、大手新聞社から市販されていた単行本を中心に日大闘争の研究部分を執筆していました。

無尽出版会の矜持は、「自力」で取り組むことでした。

原稿を自ら執筆し、資金を分担し、冊子を背負って書店を訪ね販売をお願いしました。

資金がなかったため宣伝や広告はできないし、マスコミが取り上げることもなかったため、多くの皆さんに広く知ってもらうことはできませんでした。お陰で多額の借金を背負いましたが、その代わりとして多くの友情を手に入れました。

しかし、そのように「自力」で活字に記録した日大闘争の経験は『1968』に使われることなく、市販されている書籍が重要な資料としてたびたび引用されていました。

私が『1968』から受け取ったのは、「自力」で額に汗して奮闘することの無力と無念でした。『無尽』の刊行は四号までしか続けられませんでしたが、秋田明大議長や田村正敏書記長はじめ山本義隆さんから提供していただいた「加藤一郎公判調書」の速記録などなんとか複数の経験や声を記録することができました。しかし『1968』は、そうした一つ一つの細やかな声に耳を傾けるよりも大手新聞社から出版されている一冊の本を頼りにしていました。

「それでも」なのか「だから」なのか、『1968』は異例のベストセラーとなり、角川財団学芸賞などの「名誉」とお金とを手に入れたのでした。そして何よりも残念だったのは、そんな『1968』に記述されている断片が、日大闘争や全共闘運動を二十一世紀の今に伝えている社会学の「歴史」として多くの人々に受け入れられてしまっている現実でした。

私が『1968』と向き合い思った「自力」の無力とは、そうした現実でした。

どんなに強い信念を持っていたとしても、願いが実現できるわけではない無念でした。

できる限りの努力などいくら重ねても、なかなか実現できない現実でした。

もちろん「自力」で取り組むことが無意味なわけではありません。でも、「自力」だけでは越えることのできない社会的な制度や守られてきた権威や通俗的な意識が存在するのも現実でした。それは、全共闘運動を土台から支えていた数多くの「無垢なる魂」が、それだけでは1968年に何かを大きく変革していく運動へと結びついていかなかった現実とどこか似ていて響き合ってもいるようでした。

日大闘争や全共闘運動は『1968』の出版と好調な売り上げによって「あの叛乱は、『近代』から『現代』への転換点で、『現代的不幸』に初めて集団的に直面した若者たちが、どう反応し、どう失敗したかの先例となったのである」と、「歴史」に刻印されようとしていました。

しかし『1968』は、1968年を大学教授が「現代の私たちの位置を照射する」ための研究対象に値する時代であり出来事であったと位置づけたことで、私に願ってもない社会環境を提供してくれることになったのでした。

八．全共闘を生きること、語り続けること

『1968』が刊行された二〇〇九年の師走。

別冊宝島で近代の系譜三部作を出版したときの共著者榎並重行氏から、「全共闘本が出版できそうだぞ」との連絡が入ったのです。出版社は河出書房新社で、シリーズとして刊行をはじめた「河出ブックス」の一冊として全共闘モノを今なら出版することが可能だとの話でした。

出版社が「今なら」と企画を通してくれたのは、『1968』が出版界から注目され売り上げも好調だったからではないでしょうか。

私はさっそく執筆に着手し、一気に原稿を書き上げました。

次の年の6月11日、『路上の全共闘1968』は無事に出版されました。

『路上の全共闘1968』の出版を可能にしてくれたのは、明らかに『1968』によって盛り上がった1968年や全共闘運動への関心でした。その流れは、私の著作にとどまることなく、何冊もの全共闘モノの出版へと続いていきました。そうした出版物の登場や新聞などでの取り上げ方からも、『1968』の影響は明らかでした。

そうした社会環境は、「自力」ではつくり出せなかった流行現象でした。

そんな実感を得ていたこともあって、私は『1968』の登場に否定的であるよりもむしろ好感を抱いていました。

私は基本姿勢をこう記しています。

「世代の異なる小熊氏が、1968年を『現代的不幸』をキーワードに『歴史』として研究しようという姿勢は、あっても当然でしょう。1968年の出来事が何だったのかを後の世代に伝えたいという意志は、日大闘争を記録する会の思いと重なる部分があるかもしれません。『1968』に見られる事実誤認、不十分な文章資料選択、当事者取材無しといった論述姿勢への異論や反論を小熊氏に提起し、議論を交わせばよい問題です」

率直に、そのように考えていました。

1968年や全共闘運動について取り上げ論じようとしている小熊氏の姿勢に応えることが、まずはとるべき態度だろうと思っていました。『1968』を一方的に否定するのではなく、共に論じ合い違いを認め合い、1968年と正面から向き合っていく素直な有様こそが大事にされるべき態度ではないだろうかと思っていたのです。

だからといって、許せないし許してはならない姿勢もありました。

その指摘を『日大闘争の記録――忘れざる日々』六号（二〇一五年九月一〇日刊）に「全共闘を生きること、語り続けること」に記しています。

全共闘を生きること、語り続けること

［1］

2009年、「元全共闘活動家」たちをインタビューしたという『総括せよ！さらば革命的世代――40年前、キャンパスで何があったか』（産経新聞取材班）が刊行されました。執筆を担当した四十代の新聞記者たちは、取材した理由をこう語っています。

「彼らがなぜあっさりと運動をやめたのか、また、なぜ四〇年後の現在に至るまで、当時を正面から見据えた総括がないのかを知りたいと思ったからだ」

全共闘活動家は「あっさりと運動をやめた」と記者たちは見ていました。また「なぜ、当時を正面から見据えた総括がないのか」とも思っていたのでした。

1968~70年という時代を振り返ると、よくもまあ全国各地の大学にあれほどの全共闘が結成され、高校生や労働者も含めた青年たちによる異議申し立てが沸き起こったものだと思います。しかし一九六八年に叫び始めた異議申し立ての声は、六九年の秋から七〇年の安保決戦あたりを境に萎んでいきました。またシュプレヒコールと同じくらいの声量で、全共闘運動の経験が語られなかったのも事実でしょう。全共闘について「運動をやめた」とか「総括がない」と世間から指摘されてしまうのは、致し方ない面もあったと言わざるを得ません。

もちろん全共闘として活動を続けたり、経験を語り継いでいこうという取り組みが無かったわけではありません。私自身も社会活動を継続し、機会あるごとに自らの全共闘経験について書いたり語ったりしてきました。1973年に日大全共闘書記長・田村正敏さんの呼びかけで始まった『無尽』の創刊にも参加し、1980年には津村喬さん編著『全共闘——持続と転形』(五月社)の刊行に協力し、全国で転戦を続ける全共闘の現状を世の中に発信しようと力をそそいできました。

しかし、全共闘として生き続けながら経験を語り継いでいく試みは、自力を頼りにした取り組みだけでは広く思いを届けられませんでした。個人の頑張りや地道な努力をいくら重ねても、十分な支援や成果が得られるわけではありません。『総括せよ!さらば革命的世代——40年前、キャンパスで何があったか』は全共闘と向き合おうとしています。でも、参考図書として四号まで刊行された『無尽』や『全共闘——持続と転形』が挙げられていないあたりに、マスメディアの無能力と自力の限界とが示されていたのでした。

［ 2 ］

全共闘経験とは、はたして、どれほど語られることを求められているのか。正面から全共闘を語る機会が少なくなっていく中で、私はその問いと長く向き合うことになました。

2009年、そんな疑問に応えるかのような二巻本が刊行されます。

全共闘の膨大な異議申し立てが本に転化したような上下本『1968』（新曜社）が、世代の異なる若い社会学者小熊英二氏によって出版されました。厚くて重い本がベストセラーとなり、『1968』について数多くの書評や論評が発表されました。

『1968』は、かつてあった貧困・飢餓・戦争などによる困難は「近代的不幸」であり、戦後の高度成長から続いた豊かで平和な社会の矛盾を生きる困難とは「現代的不幸」で、その困難から1968年の全共闘運動が起こったと論じたのでした。地方から東京へと上京してきた大学生が、田舎とはかけ離れた都会でジーンズをはきバレンタインデーを楽しむ自分に変わっていく苦悩と葛藤を社会に向かって噴出させた運動が、「現代的不幸」によって引き起こされた1968年の学生叛乱だったと定義したのです。

小熊氏は全共闘運動が「現代的不幸」から産まれたと考えることで、これまで「一過性の風俗現象だったと言われがちだったものに対して、ある普遍性を持った感情の核を与えることができたと思っています」と語っています。また「現代的不幸」は1968年から現在も続いていて、若者たちはその理解を通して1968年に起こった出来事が何だったのかを知ることになるだろうと語り、この「現代的不幸」は今後も成長を続けるアジアへと蔓延していくと指摘しています。

中日新聞の夕刊コラム「大波小波」（二〇一〇年四月二一日）は、「おそらく近年、これほど多くの事実誤認に人が怒った書物も稀であろう。だがそれを粗大ゴミと一蹴するわけにはいかないのは、歴史の定本を残そうとする彼の強い意志である。（略）小熊は執筆にあたって大岡昇平の『レイテ戦記』を理想としたと語っている。（略）大岡の戦記はみずからがミンドロ島で俘虜となった体験に即して、無名のうちに死んでいった同胞たちへの鎮魂のために書かれた。（略）小熊には68年世代への同朋意識も共感もない。ただ積み上げられた文献に基く社会学的作業があるだけだ。両者が似ているのは本の厚さだけではないか。（略）大岡を見習いたいというのなら、彼は世代の当事者たちにもっと謙虚にインタビューを重ねるべきであった」と『1968』を批評しています。

小熊氏は『1968』をこれまでに記されてきた文章だけを資料に執筆したといいます。しかし『無尽』や『無尽通信』のような地道に全共闘の経験を語り続けてきた文章は研究対象にされませんでした。でも、そうした不十分や賛否はどうあれ、『1968』は全共闘の登場した1968年が、「歴史」として語るに値する時代であったことを証言したのでした。

［ 3 ］

注目を集めた『1968』は、様々な批評や問題点を指摘する声とともに、学者の権威や本の厚さに媚びる同調者も登場させました。

『文学界』（文藝春秋）二〇一〇年五月号に、小熊英二氏と全共闘世代を自認する高橋源一郎氏による対談『1968から2010へ』が掲載されています。この対談で高橋氏は「僕はこれを読んだとき、歴史というものは当事者によって書かれるべきではないな、と思いました。というか、当事者は書けないんだ、と。もちろん当事者によって書かれた歴史はたくさんあります。けれど、ほんとうはそういうものじゃないんじゃないかということをわからせていただいた」と語っています。そして更に「記憶されるものとして、書く対象として、六八年、六九年がある必要がないということはなかなか納得できなかった。僕のなかに、この六八年、六九年について書いていないという思いがずっとあった。もっとうまく書けるんじゃないかとも思ってきました。宿題が残されていて、それをお前は書いてないいんじゃないかという気がずっとしていたんですが、それは、僕の考え違いだったように思います。書かなくてもいいんだということをわからせていただいただけでも、ほんとに深い感謝を小熊さんには捧げたいと（笑）」と、小熊氏に同調し感謝の言葉さえ捧げています。

世代の異なる小熊氏が、1968年を「現代的不幸」をキーワードに「歴史」として研究しようという姿勢は、あっても当然でしょう。1968年の出来事が何だったのかを後の世代に伝えたいという意志は、日大闘争を記録する会の思いと重なる部分があるかもしれません。『1968』に見られる事実誤認、不十分な文章資料選択、当事者取材無しといった論述姿勢への異論や反論を小熊氏に提起し、議論を交わせばよい問題です。

しかし『1968』から「歴史というものは当事者によって書かれるべきではないな、と思いました。というか、当事者は書けないんだ、と。」といった読み取りを、1968年の当事者がするとしたら、その言動を見過ごすわけにはいきません。高橋氏は、自らの経験を書かない／書けないと語っているのではなく、日大闘争の当事者によって歴史は「書かれるべきではない」「というか、当事者は書けないんだ」と断定しているのです。

高橋源一郎氏が「書けない」とか「書かなくてもいいんだ」と決意するのは、その選択を自らが引き受ければいいだけの問題です。同じように経験を語ることの困難を抱えてきた同時代人はたくさんいるでしょう。

しかし他者の経験を「歴史」としてであれ「個人史」としてであれ、なぜ「書かれるべきではない」と断定し、経験を記していこうとする試みを何の根拠も示さずに「当事者は書けない」と決めつけるのか。こうした権威への擦り寄りによって、書かない／書けないという自らの現実を正当化する言説を世間にまき散らすさもしい根性こそ、全共闘世代が自らの問題としても批判し鉄槌を下さなければならない言論に他なりません。

ある時代の出来事を「歴史」として決定するのが必ずしも当事者だけでないのは、E・H・カーの『歴史とは何か』が「歴史は現在と過去の対話である」と語っているとおりなのかもしれません。そうだとするなら、学ぶに値する経験として「歴史」が語り継がれていくためにも、「現在」が対話すべき「過去」をなおさら正確に「現在」へと届けなければならないでしょう。

『日大闘争の記録――忘れざる日々』が呼びかけている「記憶を記録に」とは、誰かによっていつか記される「歴史」のためであると同時に、「現在」の私が「過去」という時代に瓦礫のように散乱してしまった記憶の断片と対話を交わし、日大闘争と全共闘を「歴史」として記録していこうという取り組みでもあるのです。

［ ４ ］

２０１１年『日大闘争の記録――忘れざる日々』の刊行によって、日大闘争を記録していく新たな歩みが始まりました。東日本大震災による原発事故をきっかけに「我らずーと日大全共闘」の旗が、原発の無い平和な社会の実現を目指して路上に掲げられました。２０１４年には、長年にわたって懸案だった日大闘争の資料整理や保存活動も、国立歴史民族博物館に近代史資料として収蔵される道が拓かれることになりました。

１９６８年を起点に沸騰した全共闘運動は、あの時代の経験を記録として残していくための発酵と熟成に、四十数年の歳月を必要としたのかもしれません。２０１２年1月に、日大芸術学部の現役大学生が主催する「映画祭１９６８」が東京の「オーディトリウム渋谷」で開催されたときのことです。催しを担った三人の女子大学生を「９３０の会同窓会」にお招きすると、学生たちは私たちを「日大闘争の生き証人」と呼んだのです。その瞬間、自らの経験を語ることが、今や過ぎ去りし１９６８年の時代考証になっていることを率直に感じました。すでにして私たちが語る日大闘争の想い出話とは、昔話となった全共闘運動の証言に他ならないのです。

２０１８年、１９６８年を起点とした全共闘運動は五十周年を迎えることになります。

果たして、時代の生き証人たちは伝えるべき経験をどこまで語り尽くしたでしょうか。

一人一人が、日大闘争と全共闘運動の経験を記憶とともに保存してきたビラ・ヘルメット・旗・

謄写版・写真などが歴史資料として博物館に収蔵されようとしている今、あらためて私たちが語るべき出来事について思い起こしてみようではありませんか。

そして日大闘争を、全共闘を語り続けていきましょう。

同時に、今も路上に掲げられている「我らずーと日大全共闘」の旗のようであり続けましょう。全共闘に成ることから始まった生き方の選び直しを、全共闘という人生として全うしようではありませんか。

日大全共闘が、ノンセクトであることを誇りとし、誰にも代表されず誰の代表でもない個人が自己組織化していった運動体だったという経験を、私はしっかり伝えながら全共闘として生きていきたいと思っています。日大闘争として闘われた全共闘運動は、一人一人が主人公であり、自らを規律とし、自分の手で築いたバリケードを自らが治める「自主・自律・自治」の運動でした。バリケードに囲まれたイデオロギーや政治とは直接無関係な場が、全共闘の直接自治によって築かれた統治されざる場だったことを、楽しかった想い出とともにもっと語り続けていきたいと思っています。

全共闘として生き、全共闘について語り続けていきましょう。

まだまだ語られることを待っている出来事が、すべての全共闘にあるのですから。

私は1968年に日大闘争に参加し、全共闘に成りました。

その瞬間から、私は全共闘として生きていく人生を歩み始めました。

全共闘という人生とは、国家や権威や権力や資本などに依存することなく「自力で生きていく」ことでした。

そんな全共闘という人生が、二〇一八年に五〇周年を迎えることになります。

だから、何なのか。

どんな出来事も誰の人生も、年を重ねていけば五〇年目を迎えます。

私の全共闘経験も二〇一八年に五〇年目を迎えますが、あと何年かが経てば臨終のときがやってきて終焉を迎えるでしょう。私の全共闘という人生は、その時点で幕引きになります。では、そのあと全共闘はどうなるのか。一九七四年に長嶋茂雄が引退試合後のセレモニーで「我が巨人軍は永久に不滅です！」と叫んだように「永久に不滅」になるのでしょうか。

二〇一七年、全共闘運動は長島茂雄の出身地千葉県佐倉市にある「国立歴史民俗博物館」に近現代日本の「社会運動資料」として収蔵されることになりました。日大闘争、東大闘争、べ平連など1968年を中心に当時の大学闘争や市民・住民運動に関連する資料が博物館に歴史研究用の現物資料として保存されることになったのです。日大闘争関連の資料は「68・69日大闘争アーカイブス」によって集められた後に「日大闘争を記録する会」の有志によって分類・整理され、博物館へと寄贈されました。資料はおよそ段ボール四〇箱、総数で約一万五〇〇〇点、日大全一一学部の資料に教職員組合、救援会、大学当局、裁判記録などで、その全てが収蔵されるといいます。

これで無事、日大闘争と全共闘運動は「永久に不滅」になるのでしょうか。

もちろん「国立歴史民俗博物館」にビラやパンフレットや旗やヘルメットが収蔵され、「社会運動資料」として日大闘争や全共闘運動が学術上の研究対象になったことは喜ばしい出来事でしょう。収蔵された資料が、後世に全共闘運動を研究しようと志した人たちに役立つことは確かでしょう。

でも、と、私は思うのです。

博物館に収蔵された品々から、どれほど1968年に沸騰した怒りや日大闘争の清々しき喜び、バリケード生活の心地よさや路上の解放区を自由に走り抜けたときの気分を読み取ることができるのだろうかと……。

1968年の全共闘運動とは、何よりもとても愉快な叛乱だったのです。

全共闘として1968年を生き疾走した「無垢なる魂」やあの瞬間の跳躍は、どれほどの純度で散乱してしまった資料からすくい取ってもらえるのでしょうか。

そんな未来に想いを馳せれば馳せるほど、私たちが全共闘運動の渦中で体感していた魂の震えるような壮快で愉快な経験を、時代を越えて資料を読み解く瞬間の欠片として何とか記録しておかなければと思うのです。そのためにも、組織されざる単独者たちの多様で多彩だった全共闘経験をめぐる「記憶」の一つ一つの断片を、可能な限り「記録」しておかなければと思うのです。

それが、二〇一八年に五〇年目を迎えた全共闘たちに残された、命の真っ当な使い道ではないでしょうか。

私は、そのように全共闘を生き、語り続けていきたいと思っています。

第二章◉

「総括」と「友情」の断片

一．知る者、好む者、喜ぶ者

全共闘経験は、清々しく心地よい時間として私の中に記憶されています。自らの意志と力を発揮して手に入れた「清々しさ」や「心地よさ」は、バリケードや路上での闘争に参加していた多くの全共闘たちに、とても愉快な「共感」となって伝わっていると思っていました。全共闘運動を支えていた「無垢なる魂」のつながりが、全国の学園へと愉快な「叛乱」を拡大していった要因に違いないと思ってもいました。1968年を起点にして沸騰した日大闘争の魂が、各地へと全共闘運動の種を蒔き散らし、「共感」の輪を拡げているような、そんな気分だったのです。

その1968年からかれこれ五〇年の歳月が過ぎようとしている今、たびたび指摘されてきた1968年や全共闘運動への言及をどのように受け取ったらいいのか。当事者としてできる範囲で全共闘経験の記憶を記録していく作業を続けながら、いろいろと思案しつつ過ごしてきました。

事あるごとに「1968年の大学紛争」として語られてきた日大闘争や全共闘運動は、誰によってどんな出来事として記録されてきたのか。

どんな経験について、何を目的に語られたのか。

何を語ることが、1968年や全共闘運動を語ったことになるのか。

果たして、全共闘経験の核心にとどく言葉は、どれほど記録されてきたのでしょうか。

「知る者は、好む者に及ばない。好む者は、喜ぶ者に及ばない」孔子

今さら『論語』に頼って核心を語ろうという魂胆はありませんが、二五〇〇年前の知恵に耳を傾けてみるだけで、経験を語る役割にとりわけ適する者が誰なのか、自ずから了解できないでしょうか。

率直に言って、「知る者」による言及は、他者の経験を表層だけ粗雑に論評することしかできていないのではないか。また「好む者」による言及は、どうしても自らの好みを画一的に語ってしまう傾向に陥ってしまうのではないか。そう思えて仕方ないのです。

たとえ断片であっても、短くとも、鮮明ではなくとも、「喜ぶ者」の語る言葉に耳を傾けることが、納得できる核心へとたどり着ける道ではないでしょうか。「喜ぶ者」に刻印された記憶には、聞く者を「共感」へと誘う不思議な引力を感じます。何がどう記憶されているのかを超えて、「喜ぶ者」の思考や身体を根元から揺さぶったであろう出来事が聞く者と喜ぶ者とを共鳴させ、「共感」へと導くからでしょう。かれこれ五〇年も前の時間を想起し記憶をたどりながら、散乱してしまった想い出の断片や薄れゆく場面を一つ一つ拾い集めていくこと。「喜ぶ者」によって語られる記憶の切れ端や出来事の瞬間を丁寧に収集し繋ぎ合わせていければ、全共闘経験の核心に触れる言葉を紡ぎ出すことができるかもしれません。

しかし、１９６８年を起点にした全共闘運動の経験は、これまで核心にとどく言葉を十分には語ってきていません。とりわけ「清々しさ」や「心地よさ」を感受してきた「喜ぶ者」たちの経験は、多く語られてこなかったと言えるでしょう。私にとっては、清々しくも心地よかった愉快な経験こそが

全共闘運動なのですが、なぜかその核心にたどり着かないもどかしさがありました。まるで、新人歌手が突然ヒットチャートに登場したかのように、誰もが全共闘に成って路上や学園に姿を現したあの瞬間の跳躍力は何だったのか。生きいきとしたバリケードでの日々を愉快に淡々と継続できた力は、どこから生まれたのか。それらの核心について、なぜ、かくも語られる機会や場面が少ないのか。その原因が全共闘運動にかかわった一人一人にあるのなら、私もその当事者として責任の一端を引き受けざるを得ないでしょう。

大学への不満と人生への憤りを、デモの勢いに乗せて解き放った、あの快感。爽やかな五月の青空の下、うっすら額に汗を走らせながらジグザグとうねった身体。大学の不正を糾弾する叫びを、天にむかって放出する清々しさ。誰をも受け入れたバリケードという場を、自律した主人公として治めていた日々。日大闘争に参加することで得た全共闘経験とは、私には清々しくて心地よい「喜ぶ者」の愉快な経験として記憶されています。

二．全共闘の語られかた

当事者が自分の経験を語っていないからといって、世間で何も語られていないわけではありません。1968年や学生運動や全共闘について、たとえばこのように論評されている現実から何を考えたらいいのでしょうか。

『内田樹の研究室』というブログがあります。内田樹氏は世間から人気作家として認知されている神戸女学院大学名誉教授で武道と哲学研究のための学塾・凱風館を主宰する武道家でもあります。一九五〇（昭和二五）年に東京で生れ東京大学文学部仏文科を卒業しフランス現代思想が専門で、『私家版・ユダヤ文化論』で小林秀雄賞、『日本辺境論』で新書大賞、著作活動全般により伊丹十三賞を受賞している作家、と紹介されています。氏が運営しているブログ『内田樹の研究室』のテキストを編集し著作として刊行していることでも知られています。

『内田樹の研究室』は「1968」にも言及しています。文章は「雑誌の『1968年号』にこんなことを書いた」というリード文からはじまり次のように語られています。

「全共闘運動が日本をどう変えたのか、というのが私に与えられた論題であるけれど、この問いに対する私の答えは『日本は変わらなかった』というものである。あれだけのエネルギーと少なからぬ犠牲者を出しながら、この政治運動は公共的な『よきもの』をほとんど日本社会に贈ることなく姿を消した」

こう書き出したあと、文は次のような結論へと導かれていきます。

「全共闘運動はマルクス主義政治運動の形態を借りてはいたが、『科学的社会主義』とは無縁であった。私が知る限り、この運動の中で、『科学性』や『推論の適切さ』が配慮されたことはなかった。学生たちを駆動したのは『肉体』であり『情念』であり、冒険的で行動を可能にするのは『断固たる決意』であった。全共闘運動は日本人に罰を与えて、消えた。しかし、それは私たちが『日本的小情況』を侮るたびに、別のかたちをとって甦るだろうと私は思っている」

そして「ただ、これに付け加えておかなければならないのは、『アメリカ』というファクターである。明治維新以来、日本の若者が『熱く』なるのは『ナショナリズム』（それも『アメリカがらみ』）と相場が決まっている」と語り、「68年のナショナリズムに火を点けたのは『ベトナム』である」こと、なぜなら「私たち日本人が出来なかったことを貧しいアジアの小国の人々が現に実行している。その日本人はベトナム戦争の後方基地を提供し、その軍需で潤っていた（朝鮮戦争のときもそうだった。私たちはアジアの同胞の血で経済成長を購ったのである）。その『恥』の感覚が１９６８年の学生たちの闘争の本質的な動機だったと私は思っている」と本質的な動機を指摘し、「全共闘運動の目的は『日本を破壊すること』であった」と語って、こう結論します。

「学費値上げ反対とか、学生会館の管理反対とかいうのは単なる『いいがかり』である。学生たちはアジアの同胞たちが『竹槍』で米軍と戦っているときに、自分たちがぬくぬくと都市的快楽を享受していることを『志士の末裔』として恥じたのである。60年代末の学生運動のもっとも印象深いたたかいは『佐世保闘争』と『羽田闘争』であるが、これは『開国』した港湾に寄港した『アメリカの軍艦』と『アメリカの飛行機』を『ゲバ棒＝竹槍』で追い返すというきわめてシアトリカルなものであった。ゲバ棒というのは若い人はご存じないであろうが、芝居の大道具などにつかう軽量でへろへろで簡単に折れる材木である。どうしてあのような実効性のまったくない『武器』を学生たちが採用したかというと、それはまさに『実効性がない武器で戦う』というところに『竹槍性』の本質があったからである。へなちょこなゲバ棒でジュラルミンの盾と警棒で武装した機動隊と戦うときにはじめて『ベトナムの農民との連帯』が幻想的に成立したのである。そして機動隊に蹴散らされて、血まみれになるときにはじめてアジア人として『恥』の感覚が少しだけ軽減したのである。あの運動を『何かを建設する』ためのものであるとか、『何か有害なものを破壊する』ためのものであるというふうに合理的に捉えようとする試みは（若い社会学者たちが始めているらしいが）たぶんうまくゆかないと思う。1968年の運動の本質は『攘夷を果たすことのできなかった志士たちの末裔による自罰劇』にあると私は思っている。だから、全共闘運動が最終的には官憲の手を煩わせるまでもなく、『内ゲバ』という互いに喉笛を掻き切り合うような『相対死に』のかたちで終熄したのは『自罰のプロセス』としては当然だとも言えるのである」

（『内田樹の研究室』1968」より）

内田樹氏は、一方では二〇〇六年一月六日の『内田樹の研究室』「『人のいい』内田さんたちの世代」に「1968年から1970年のあいだに『何か』があった。私は『遅れてきた』世代であるから、そこにたどりついた時には『もうなかったもの』を言葉にすることができない。たしかなのは、その『うまくことばにすることができないもの』によって私たちの成熟への動機は深く損なわれたということである」とも書いています。

1968年から七〇年にかけて「何か」があったのに、遅れてきた内田氏には「言葉にすることができないもの」だったというのです。ところが「『内田樹の研究室』1968」では、1968やベトナム反戦や全共闘運動や学生運動について引用した断定をくだして「言葉すること」になったのは、なぜなのか。

雑誌から依頼された「全共闘運動が日本をどう変えたのか」という論題に、内田氏はなぜ結論を「うまくことばに」できたのでしょうか。一方で「全共闘とは何か」とか、何が「変わらなかった」のか、「公共的な『よきもの』」とは何なのか、などに具体的な言及はありません。かつ、全共闘運動は「政治運動」として位置づけられ「姿を消した」と結論されています。また「全共闘運動はマルクス主義政治運動の形態を借りてはいたが、『科学的社会主義』とは無縁であった」とも述べられ「運動の中で、『科学性』や『推論の適切さ』が配慮されたことはなかった」と言及されています。

しかし、日大全共闘や東大全共闘の運動が「マルクス主義政治運動の形態を借りてはいた」ことの論拠や具体性は、何一つ示されていません。全共闘運動がマルクス主義政治運動に付きものだった「党綱領」や「組織・運動論」と無関係に登場したことが特質として強調されてきたというのに、いったい全共闘運動のどの部分が「形態を借りていた」のか、ぜひうかがいたいところです。

果たして、こうした一方的な見方からの、それもまったく根拠のない決め付けによって、どのような問題が生み出されているのでしょうか。

内田氏は「これに付け加えておかなければならない」と述べている文章のなかで、「ベトナム反戦」と「1968年」と「全共闘運動」と「60年代の全学連運動」とをまったく同質な一つの塊のようにして論評しています。

内田氏の目から、これらの出来事が一つにしか見えないなら、あるいはそう見えたことにして論じているなら、その方法を問題にするつもりはありません。それは、「ベトナム反戦」と「1968年」と「全共闘運動」と「60年代の全学連運動」とを同質な社会運動として判断していく政治的で哲学的な立場を選択した表明だからです。

ただし、1968年に全共闘だった私としては、ベトナム反戦や全学連運動を全共闘とまったく同質な出来事として論ずる姿勢を見過ごす訳にはいきません。なぜなら、それぞれの違いや社会的な役割を無視して多様な実態を画一に論じる姿勢が、治安対策上の言説を正当化していく社会環境を生み出してしまうからです。このことは、ちょっとした違いの次元ではないのです。「1968年の学生たちの闘争の本質的な動機」を論ずることが内田氏の目的であったとしても、差異や固有性を無視した内田氏の粗雑な論評は、社会統治を目的にした支配権力に都合のいい治安対策上の言説の正当性を下支えする言動として機能してしまうからです。

複雑で多様な社会的な出来事や現実を、このように無視し画一化して論評することの危うさとは、どのように成立しているのでしょうか。

三．治安対策を支える言説

治安対策上の言説について言及する前に、はっきりさせておきたいことがあります。

それは、たびたび語ってきたとおり、日大闘争が「60年代の全学連運動」や「ベトナム反戦闘争」とは出自や目的や組織活動などが根源的に異なった出来事として登場したことです。また日大全共闘が、革命への幻想や既存のイデオロギーや権力奪取を目指した政治活動とは無縁な、組織されざる単独者を主人公として社会運動を取り組んだことです。

内田氏は、自分にとって印象深かった出来事は「佐世保闘争」と「羽田闘争」だといいますが、この二つの闘争は1968年に日大全共闘が登場する以前の出来事でした。闘争を担っていたのは、学生自治会を拠点にして社会的平等といった近代の理想主義や社会主義革命を目指して政治闘争を組織していた全学連の大学生が中心でした。また「ベトナム反戦闘争」の主流は、学園闘争が直接の目的だった全共闘運動とは別なスローガンを掲げていた全学連や市民を中心にして取り組まれていました。全共闘を名乗りながら政治スローガンやベトナム反戦を掲げていた大学もありましたが、それらの学園闘争が全共闘運動を代表していたわけではありません。

私が参加した日大闘争は、政治闘争に一切係わらない全共闘運動でした。また日大全共闘は、学生自治会による決議が前提になったり、バリケードストライキを賛否によって決定するといった民主主義的な手続きを経て全てが決められてはいませんでした。日大闘争は、誰も代表しない誰からも代表されない単独者の集合体による直接行動によって学園闘争が湧き起こり、自ら名乗り出た全共闘たちによってバリケード闘争が担われていました。そして、大衆団交による要求項目の実現を目指し、バリケード封鎖した校舎で機動隊に徹底抗戦を挑み、自由で自律した自主講座を開講して自由な自治闘争を展開していました。

そもそも日大闘争は、大学の不正に端を発した異議申し立て運動で、参加した学生の多くはマルクス主義に象徴されるイデオロギーや反戦思想や政治闘争とは無縁でした。参加者の中に政治組織に所属しているメンバーもいましたが、日大全共闘は政治組織や外部指導者からの指示や命令にしたがって闘争方針を決めたことは一度もありませんでした。要求項目や闘争日程は執行委員会から示されましたが、提案された内容を実行するかどうかは常に参加者の自己決定に委ねられていました。

たとえば私は、実家の神田で暮らしていた1968年三月から四月に、東京の王子でベトナム戦争への協力に反対する王子野戦病院開設阻止闘争があったことや、内田氏が「60年代末の学生運動のもっとも印象深いたたかい」だという「佐世保闘争」や「羽田闘争」について、印象どころか何も知りませんでした。有り体に言うと、日大闘争は政治や社会にたいして関心のない私のような私大の一般大学生をも、戦後民主主義によって確立された学校教育制度の矛盾や不正に異議を申し立てる全共闘運動へと駆り立てた出来事だったのです。

日大全共闘とは、そうしたノンポリでノンセクトな主人公を中軸にした集団でした。日大闘争を担った日大全共闘は、全共闘運動を牽引した象徴的な学園闘争といわれてきましたが、多くは私のような大学生によって担われていました。その現実と全容を率直に見れば、全学連による学生運動やベトナム反戦闘争との違いは明らかです。

内田氏は、ベトナム反戦や全学連運動と全共闘運動の違いを論じるつもりなどそもそもないのかもしれません。それより出来事の背景や根拠となっていた「『恥』の感覚が1968年の学生たちの闘争の本質的な動機」だったことを論ずるのが目的なのかもしれません。

どのような考え方であれ、全共闘運動に言及する論点が増えるのは喜ばしいことです。しかし、1968年の全共闘運動と、ベトナム反戦闘争や全学連運動とを、「『恥』の感覚」という一塊の同じ「本質的な動機」によって単純化して論じるとしたら、大きな危うさに引き込まれてしまわないでしょうか。

全共闘運動は、いつの時期から、何をきっかけに、政治闘争や社会主義イデオロギーや政治セクトによる取り組みと接続させられ同一視されるようになったのか。一九六九年一月一八日一九日、安田講堂で東大全共闘による徹底抗戦が闘われました。安田講堂から学生たちを排除しようとする機動隊との激しい攻防戦が、テレビ画面を通して全国に配信されました。私は二〇一〇年に刊行した『路上の全共闘1968』(河出書房新社)の序章をこの日に私がお茶の水界隈で解放区闘争に参加していた光景から書き出し、終章の最後にもう一度同じ場面へと回帰して、こう記しました。

「その幕開けとなったのは、一月十八日、十九日の東大安田講堂をめぐる攻防戦だったのではないだろうか。この日の経験から、国家の安全や治安を確保していくには、それを脅かす『敵』が誰なのかをスペクタクルとして見せていく統治技術が作動を始めた。社会全体を安定した均質空間として統治していく技術が、安田講堂への対応策の中から確立されていった。治安を乱す暴力学生対社会を守る機動隊という構図の攻防戦が全国に同時テレビ中継され、NHKの視聴率は四十四・七パーセントにも達した。NHKの高視聴率は、排除すべき対象が誰なのかを壮観なるスペクタクルとして見せることで、国家の安定へと人々を引き込んでいく統治技術の成功が、数値として現れたものだった。この後同じ技法が、ハイジャックや浅間山荘事件の中継などに適用されていった。そしてこれらの事件と全共闘運動との関連が、ますます同一の視角から見られ論評されていくようになっていった」

（『路上の全共闘1968』河出書房新社）

一九六九年一月一八日・一九日、安田講堂の徹底抗戦をめぐる攻防戦を境にして、全共闘運動への国家の対応が、治安対策として確立されていきました。テレビ画面に映しだされた安田講堂には、政治セクトの名前が大きく描かれた旗ばかりが何枚も掲げられていました。その景色は、全共闘運動を日大闘争とともに牽引してきた東大闘争の象徴たる安田講堂から、全共闘が担っている現実や姿勢が薄れているようにしか見えませんでした。全共闘運動を担っている学生たちの実態が、あたかも政治セクトのメンバーであるかのようなNHKの実況放送画面が長い時間にわたって淡々と放映され続けました。機動隊による放水と催涙弾の攻撃に対抗して投石と火炎ビンで応戦した学生たちの徹底抗戦は、長時間のスペクタクルとして中継されることで、この暴力的な事態こそ東京大学が破壊され入学試験が中止となった理由であるかのように「国民」へと伝えられたのでした。

全共闘運動は、こうして世の中の治安を乱す一部の暴力学生と同じ連中による行為だと認知されるように誘導されていきました。そして、全学連運動やベトナム反戦闘争も同じように暴力を振るう一部の学生たちによる無謀な行為として危険視され、治安対策の対象として扱われるようになっていったのでした。

内田氏のように全共闘運動をベトナム反戦や全学連運動と同質な次元で画一に論じていく姿勢も、同じように治安対策にとって有用な働きをする論評として役立っているでしょう。内田氏の意志とは関係なく、全共闘運動を政治セクトの「内ゲバ」と同じ次元で扱う姿勢は、治安対策上の対象として全共闘運動を扱うための言説として有用だったでしょう。どんなに表層的で雑駁でも、国家の統治に役立つ言説であれば、治安対策を実行していくのに都合のいい論評として利用されてしまいます。

果たして「全共闘運動が最終的には官憲の手を煩わせるまでもなく、『内ゲバ』という互いに喉笛を掻き切り合うような『相対死に』のかたちで終熄したのは『自罰のプロセス』としては当然だとも言えるのである」とは、どこの全共闘のことを言っているのでしょうか。異なる考え方を暴力によって抹殺した「内ゲバ」を、どこの全共闘運動が実行したのでしょうか。全共闘運動は、内田氏の言うように本当に「内ゲバ」によって「『相対死に』のかたちで終熄した」のでしょうか。内田氏の指摘する全共闘とは、果たして全共闘運動を代表するなり象徴している全共闘なのでしょうか。

マルクス主義などのイデオロギーを掲げる政治セクトの「内ゲバ」と全共闘運動を、このように安易に結びつける画一で粗雑な論評が支えているものとは何なのか。

日大闘争を政治問題化し治安対策の一環へと誘導していった支配権力の言説を、こうした論評が補完していく役割を担っているのはたしかでしょう。また1968年に沸騰した全共闘運動が、後に『連合赤軍によるリンチ殺人事件』や『浅間山荘事件』を引き起こして終焉した」といった治安対策上の言説と符合する物語としてまことしやかに流通していった社会環境も、こうした粗雑な論評によって下支えされているのです。

新聞やテレビといったマスメディアから流される情報によって「知る者」になった人たちが語る論評の何よりの危うさは、こうした間違った言説を自らが形成している現実について無自覚なことです。

四．「総括」への引っかかり

1968年を起点にはじまった全共闘運動への参加者に対して、たびたび指摘されてきたことがあります。「全共闘世代は、自分たちの行為を『総括』していないではないか」という批評です。全共闘運動への言及のなかでも、とりわけ私が「引っかかり」を感じてきたのはこの「総括」という二文字に対してでした。それは「総括」という言葉が、「連合赤軍によるリンチ殺人事件」という歴史的な出来事との重なりを背負ってしまっていたからでした。

「総括」とは、通常なら「活動や取り組みについて報告し、その成果や反省点を評価すること」といった使われ方をします。多くの皆さんが全共闘運動をめぐって使っている「総括」も、そうした意味だろうと思っています。しかし私には、「連合赤軍」が「総括」と称して実行したという一連の「リンチ殺人事件」が重なってしまい、頭の中から離れていかないのです。「連合赤軍」は自らの行為を「総括」とは呼んでいなかったともいわれていますが、共に行動していた仲間に対する糾弾・暴力・リンチを「真の革命戦士となるために反省を促す」という理由によって実行し、結果として「リンチ殺人」が起こったのでした。その行為が、通常「総括」として政治組織などが使っている「成果や反省をまとめて評価を下す」といった意味と近かったことから、「総括」＝「リンチ殺人」として喧伝されました。一時期は「総括するぞ」が「お前をリンチにするぞ」という隠喩を含んだ言葉として流通し、世間で面白半分に使われてもいました。

「総括」という言葉は、そのように「連合赤軍によるリンチ殺人事件」という社会的な出来事との重なりを示唆する言説として世の中を流通していく宿命を背負ってしまいました。また一方で全共闘運動は、政治党派や全学連などによる政治闘争や反戦運動との重なりを指摘する言説の延長線上で「連合赤軍」とのつながりも強調されるようになっていきました。

たとえばインターネット世代がキーワードから言葉の意味や背景を知ろうと検索する「はてなキーワード」の「学生運動――連合赤軍とその後」ではこう解説されています。

「1970年代以降、全共闘運動は内ゲバ、テロ、リンチといった方向へ過激化していき、知識人や一般市民からの支持を次第に失った。それを象徴するのが、連合赤軍・あさま山荘事件であろう。運動に燃える青春の中の若者が、次第に党と共に狂気へ向かっていったのは、次第に増していく『運動の敗北感』を打ち消すため、より強い刺激が必要であったのではないか」

どうして全共闘運動がこうも簡単に「内ゲバ、テロ、リンチ」へと「過激化」し「連合赤軍・あさま山荘事件」へと「より強い刺激」を求めていったとつなげられてしまったのでしょうか。

日大全共闘の多くは政治活動とは無縁な単独者で、何かの決定に一方的に従うことなどありませんでした。もちろん、内ゲバやテロ・リンチなどもありませんでした。

一方「連合赤軍」はマルクス主義や毛沢東思想といったイデオロギーにもとづいた「連合赤軍服務規律」が定められており、森恒夫や永田洋子という指導者の指示や命令に従って行動する組織集団でした。指導的立場だった森恒夫や永田洋子は、政治組織に所属し学生運動には参加していましたが、学園を基盤とした全共闘運動に参加した経験はありませんでした。

その「連合赤軍」と全共闘運動とが、いつの間にか同じ組織集団として、あるいは同じような目的や運動を展開した同時代人として括られ論じられるようになっていきました。全共闘運動が生まれることになった時代的な背景と「連合赤軍」が登場してきた背景が重なることは理解できます。世代としての社会経験や年齢が重なっていたのも事実でしょう。しかし、時代背景や年齢が同じだからといって、同じ考え方や行動を選択するわけではありません。双方を並べて語るなら、時代背景や年齢構成の重なる青年が参加した集団として、個人の自己決定にもとづいて学園闘争に取り組んだ全共闘と、組織に所属し指導者の指示や命令に従って政治闘争に取り組んだ「連合赤軍」との違いを比較して論ずるべきではないでしょうか。さらに、個人の直接民主によって成り立っていた全共闘から、個人の意志を無視する組織活動へと移動していった原因や理由とはなんだったのかを問うべきでしょう。それが、なぜ同質な連続した運動であるかのように語られ通俗化していったのか。私には関連する側面より別次元の出来事に見える全共闘運動と「連合赤軍」を、重なりを指摘し強調して語ろうとする解説の数々に、単なる無知や政治的な意図といった違和をずっと感じてきたのでした。

「総括」という二文字に感じる私の引っかかりは、この違和感に起因しているのでしょう。「連合赤軍」と全共闘運動とが同じ枠組みで語られている世論に触れるにつれて、「総括」という言葉に納得いかない気分が高まっていったのかもしれません。

ともあれ頭の中で私は、「総括」という言葉の下で実行されたと言われている「連合赤軍のリンチ殺人」と全共闘運動との重なりに違和感を抱き、「総括」に引っかかりを感じ続けてきたのでした。

五.「総括」なんて知らないよ

全共闘運動に参加した当事者が自らの経験を「総括」という言葉を使って語るとき、「連合赤軍事件」が背負ってしまった歴史性を考えずにいられるのでしょうか。

全共闘運動は、東大安田講堂での徹底抗戦を境に、政治党派による七〇年安保決戦や「連合赤軍事件」などと同質な出来事として見られるようになっていきました。全共闘運動が、いわゆる「一部の暴力学生」による行為であるかのような言説が仕立て上げられ、世の中を流通し始めました。制度や社会の矛盾に異議を申し立てる運動を、治安対策による支配に都合のいい言説へと誘導していく情報操作の巧妙さに、全共闘経験者からの反論は微力でした。全共闘運動が、政治党派による組織的な取り組みや連合赤軍による「リンチ殺人事件」とは別次元の出来事だったことを積極的に語ったり正確に分析し解説する機会は昔も今も多く見られません。

そんな社会環境の中で「総括」という言葉に接するとき、どうしても連合赤軍による「リンチ殺人事件」との重なりを無視できなくなるのは、私だけでしょうか。

私が『日大闘争の記録――忘れざる日々』五号（二〇一四年九月一〇日刊）の「1968年をめぐる幾つかの断片・その4」で「『総括』なんて知らないよ」とあえて語ったのは、そんな私の引っかかりが背景としてあったからでした。

「1968年をめぐる幾つかの断片・その4――「総括」なんて知らないよ」

例えば貴方が路上で誰かに名前を聞かれたとき、問題や危うささえ無ければ自分の名前を答えるでしょう。ではもしも貴方が、道で誰かに「そもそも名前とは何なのでしょうか」と聞かれたとしたら、その問いに答えることはできるでしょうか。

私たち人類は、長い歴史の中で言語を生み出し、その言語という記号を理解し合える相手と、お互いの意志を通じ合うようになりました。「お名前は」と聞かれれば「三橋俊明です」と答えられるように。

同じように私は「日大闘争で、何をしたんですか」と問われれば、幾つかのことを答えることができます。「デモをしました」「彼女と別れました」「石の飛礫を投げました」「バリケードを築きました」「その中で、お誕生会をやりました」「徹底抗戦を闘い、大衆団交を実現しました」「芸術学部を襲った右翼とゲバルトをしました」などなど数え上げれば切りがないほど、話の種は尽きません。

私は「日大闘争とは」という問いを発した相手に対し、その相手が理解できる共通の言語に基づいて、自らの行為や行動を説明するでしょう。それは、たいして難しいことではありません。では「日大闘争の総括について聞かせてください」と問われたら、どうでしょう。

そうした類の問いが、これまで私に向けられなかったわけではありませんが、正直に言って私は、いつもその問い自体に違和感を抱いていました。それは、私が何をしたのかという問いとは、性質の異なる問いに感じられたからでした。

名前を聞かれて答えられるのは、答え方の共同規範と共通言語が共有されているからでしょう。私は、何も考えることなく自分の名前を答えるだけです。でも「名前とは何か」という問いに答えるには、その問いがどんな次元の答えを求めているのかを知らなければなりません。土俵が違えば、ルールも異なるからです。

「総括について聞かせてください」という問への違和感も同じだったのではないのか。

私は、行為や行動や出来事について語る共通言語は持っています。でも「総括」について語るには、その概念を構成している意味やどんな力関係の中で使われてきたかといった言説上の働きを、あらかじめ知らされていなければなりません。それ抜きに、「総括」という問いに答えることはできるのでしょうか。一言で言うなら、私は共通の土俵が示されないまま、日大闘争の勝ち負けやその意味について問われてきたのではないか。

「総括」という答えを導き出したいなら、「総括」という概念を特定し、その言説上の働きや系譜を共有化した土俵を設定しなければなりません。土俵も共通言語も無いままに、何かを話し合うことなどできるのでしょうか。共同の規範を抜きにして「総括」を語ることは、どこまで可能でしょうか。何を、どう語ったらいいのでしょうか。何が、語れるのでしょうか。

ルートヴィヒ・ヴィトゲンシュタインは、そうした類の問いには「語りえぬものについては、沈黙しなければならない」（『論理哲学論考』）と語っています。

独断ですが、日大全共闘風に言うなら「『総括』なんて知らないよ」ってことなんじゃないか。私としては、そんな感じがしてなりません。

もう一つ、これはついでの付け足しなんですが、『反哲学的断章――文化と価値』でヴィトゲンシュタインがこんなことも言っているので、この断片の最後にその一言を記しておきます。

「君は新しいことを言う必要がある。だがそれは古いことばかりだ。もちろん君は古いことを言うだけでいい。にもかかわらずそれは新しいのだ」

全共闘運動について「総括」をしたいのなら、まず先に「総括」が対象としている出来事についてもっと具体的に語られる必要があると私は思い続けてきました。そもそも「総括」しようという全共闘運動とは、いったいどんな出来事として展開されたのか。その事例や人物像や闘争現場の実態が、まだ十分に明らかにはなっていないという思いがあったからです。日大闘争に参加した私たちの経験をはじめ、バリケード封鎖をした校舎のご近所さんや路上で共に投石をしたサラリーマンのお兄さんたちや一万円札をカンパしてくれた年配女性の気持ちを、もっと知りたいと思ってきました。日大闘争の現場で出会ったそれら数々の人々や出来事がまだ見えていないのに、「総括」なんて可能なのかと思ってきたのです。

重ねて言うと、私は「総括」という言葉が背負ってしまった言説上の働きや系譜についても考えなければならないと思っていました。私が思い浮かべていたのは、連合赤軍による「リンチ殺人事件」が「総括」の名の下に実行されたと言われている社会環境が、いつから、どのように形成されたのかという疑問でした。そうした言われかたが社会の中で当然のように流通している現実への「引っかかり」を記したのが「1968年をめぐる幾つかの断片・その4」でした。

当然ですが、私は「総括」という言葉を「使うな」と主張しているわけではありません。私は、私や社会に対して「総括」という言葉が及ぼしている影響や作用について語ろうとしているのです。

言葉や行為についてのこうしたこだわりから、私は全共闘経験の中味を探り点検し確認していこうと考えています。同じようなこだわりを感じている仲間の話を、何回か聞いた経験もあります。こだわりは、人によって別々でしょう。どのように全共闘運動を経験してきたのかによっても、違いは様々でしょう。そうしたそれぞれが接触してきた経験上の差異を見極め、違いや距離を測り、多様性を共有していく作業を重ねていかなければ「共感」は得られないでしょう。

全共闘経験を「総括」するなら、そうした地道な手続きを重ねながら違和感なく言葉を通過させていく努力が求められるのではないでしょうか。

六．かくも喜ばしきアジール

全共闘経験をめぐって、もっとも語られていないと感じていること。

それは、全共闘運動の中でそれぞれが手に入れたであろう「喜ばしき経験」をめぐる物語です。

日大闘争は、１９６８年六月一一日に法学部三号館をバリケードで封鎖し、バリケード闘争に突入しました。私が寝泊まりしていた法学部三号館応接室は、そののち一九六九年二月二日に機動隊によって撤去されるまでのほぼ八ヶ月間にわたりバリケード闘争を継続していました。私はその初日から最終日までバリケード暮らしを続けましたが、日々淡々とバリケード闘争を維持していました。八ヶ月の間には夏休みがあったり、九月四日の機動隊導入に対する徹底抗戦や右翼暴力団による襲撃などありしましたが、バリケードは破壊されても再構築されました。

それにしても、なぜ、あれほど長期にわたるバリケード封鎖が維持できたのか。

私には「楽しくて心地よかった」バリケード暮らしだったからです。

他人はともあれ、私は楽しくて楽しくて仕方ありませんでした。

夏休みの時期は例年の夏と同じように全共闘諸君もみんな帰郷してしまいましたが、私は実家が神

バリケードでのパーティ

田須田町だったため生まれ故郷へ徒歩一五分ほどで帰還し、入浴を済ませるとすぐにバリケードへとUターンしていました。どうしてか。それは、バリケード暮らしが楽しくて楽しくて仕方なかったからに他なりません。

日大闘争は、封鎖したバリケードの中でお食事会や読書会、ダンスパーティやお誕生会を開催するなど自由な時間を過ごしていました。各学部の闘争委員会ごとに催しものはさまざまでしたが、それぞれが心地よきバリケード暮らしを堪能していたのではないでしょうか。逆から言うなら、何の楽しみもないバリケード闘争だったなら、八ヶ月もの封鎖を維持することはできなかったでしょう。日大闘争が始まるまでの自分を振り返ると、遊び盛りを目いっぱい楽しんでいたはずなのですが、何でバリケード暮らしへと足を突っ込んでしまったのか。今もって確たる原因は突き止められておりません。

しかし、楽しくて楽しくて仕方なかった実感は、確かに身体が記憶しています。でも、なぜか、その実感を言葉に置き換え定着させる術が見つからないのです。

「日大闘争救援会」をつくって日大闘争を支えバリケード闘争に参加してくれた映画監督の山際永三さんに、私たちはこう見えていました。


「藝闘委に呼ばれて、映画を持っていって観せて話をするといった活動を六八年の夏休みのころからはじめました。その頃の藝闘委はノンセクトの皆さんが日大闘争の文化革命的な意義みたいな議論を熱く語っていましたね」

(『日大闘争の記録——忘れざる日々』第八号)


学部ごとに、バリケードでの暮らし方や楽しみは違っていました。

バリケードでの生活といっても、特別な出来事が毎日のように続いていたわけではありません。もちろん映画の鑑賞会や熱い議論も交わしました。でも、多くの日々は淡々と繰り返されていただけで、そんなバリケード暮らしのなかから心地の良い毎日が育まれていきました。そうしたバリケードでの日常から生まれた「喜ばしき経験」を、何かの原因や理由によって説明したり言葉に置き換えることに違和感がありました。そもそも、語り方が上手く見つからなかったのかもしりません。

「喜ばしき経験」が表舞台に登場しない理由は、その辺りにあるのでしょう。

そんなにも熱く議論し、楽しく心地よかった経験とはどんな出来事から産まれたのか。

始まりは、日大全共闘によって校舎がバリケード封鎖された1968年六月一一日でした。その日の夕刻、大学の校舎として日常的に使用されていた法学部三号館が、バリケードによってこれまでとは別な「場」に変身し、誰に対しても開かれ解放されました。校舎を全共闘が占拠してその「場」を直に自主管理することになった瞬間、大学という「場」から制度的な役割が消失し、支配されざる「自由自治領域」が出現しました。その「場」から、学生を支配していた力の関係が無くなったのです。大学当局によって管理されていた教室という空間は、バリケードによってひととき制度上の統治関係から離脱し解放されることになりました。校舎が大学をはじめとする力の支配を拒絶した「自由自治領域」に変わったことで、全共闘はその「場」を寝て食べて議論し読書し歓談し遊戯やパーティまで開催できるようにつくりかえました。大学校舎から支配関係が消失し「自由自治領域」が誕生したとき「喜ばしき経験」の産まれる条件が整ったのでしょう。初めて出会った全共闘仲間たちと映画や音楽の話題で盛り上がり誕生会を楽しむなかから、楽しくて心地よいバリケード暮らしが日々蓄積されていくことになったのでした。

私がバリケードから受け取っていたのは「自由自治領域」から発散されていた「楽しさ」や「心地よさ」が自由に作れそうな新鮮な空気感だったように思います。そもそもバリケードは、大学当局や右翼暴力団から日大闘争と我が身を守るために築かれました。しかし、バリケードが目の前に現れた瞬間から、法学部三号館は「外」に向かって門戸を開き、全共闘の自治のもと誰もが出入りできて何をも自由に創造できる社交の場に変わっていました。私は友人に手招きされてバリケードの門をくぐりましたが、その先で出会ったのは、ふだんは雀荘にたむろしている連中たちでした。ただし、遊興の道具が点棒からゲバ棒に変わっていたのでした。

日大全共闘によって占拠されバリケード封鎖された「自由自治領域」は、歴史的にはアジールといわれて機能してきた「聖域・無縁所」としての役割を果たせる可能性を現代社会のなかに拓いたのではないでしょうか。

その気づきから「1968年をめぐる幾つかの断片・その3」は書かれました。


「1968年をめぐる幾つかの断片・その3」


私にとってバリケードは、とても心地よく楽しく「直接自治」を実現している「場」であり、どんな世界でも呑み込んでくれる「アジール／混在郷」のようでした。

日大全共闘は、五つの要求項目を掲げて日大闘争を闘いました。その五項目とは「1、全理事の総退陣　2、経理の全面公開　3、検閲制度の撤廃　4、集会の自由を認めろ　5、不当処分の白紙撤回」です。大学側の使途不明金に端を発した闘争でしたが、その要求項目の中に、他の大学では通常認められていた「集会の自由」や「検閲制度の撤廃」という要求が掲げられていたことから、日大闘争は「日大ルネッサンス」とか「民主化要求闘争」と呼ばれた

りもしました。

実は、私はこの「ルネッサンス」や「民主化要求」なるものに、まったくリアリティを感じていませんでした。というよりも、そもそも五項目の要求そのものにさえお題目のような感覚しか抱けなかったのです。

では私は、何のために日大闘争を闘ったのか。

確かに理由を挙げろと言われれば、１９６８年の６・11に経済学部の校舎から路上に投げられた墨汁の缶によってお気に入りのポロシャツが汚された憤り、とは言えるのですが、それはあくまでも闘争に参加した切っ掛けにしかすぎません。

では何が、１９６９年2月に法学部のバリケードが強制撤去された最後の日まで、私をバリケードに留まらせたのでしょうか。

私にはバリケードによって創り出された「場」が、これまでに経験したことのない心地の良い「聖域」のように感じられていたのです。その「場」を形成している一人として、その「場」で日々生活していくことに不思議な喜びを感じていました。右翼がいつ何時に襲ってくるかも知れない緊張の中、仲間同士が他者を配慮しあいながら秩序を形成し、自由に伸びやかに語り遊び饗しつつ寝食を共にすることが、ひたすら楽しかったのです。

アジールとは不可侵というギリシア語に由来する概念で、「聖域」「自由・平和領域」「無縁」などと呼ばれている特殊な「場」のことです。歴史的には、多様な人間が混在し一時的あるいは持続的に不可侵な存在になることのできる場所として寺院などに認められてきました。後に私はこのアジールが果たしてきた歴史的役割を知り、バリケードという「場」が私にとってはアジールとして機能していたことに気づきました。私は自らの手でバリケードを築き日大闘争を続けていきましたが、その「場」をアジールのように機能させ続けていくことが、いつしか日大闘争を闘い続ける理由と重なっていったように思えてなりません。私は、バリケードという自らが主となって直に治めていた「場」によって、自らの再生とともに世界が救済されていく可能性の回路を探っていたのでした。

そうした経験を、私は『路上の全共闘1968』でこう記しています。

「日大闘争とは、大学に諸々を要求した民主化運動ではなく、バリケードを構築して日大全共闘がその場所を自ら治める『直接自治運動』として経験されていった。日大全共闘が社会に向かって蒔き散らしていくべき種とは、実はこの『直接自治運動』という経験だったのではないだろうか。この『直接自治運動』が工場や学校や家庭や世間の隅々にまで染みこんでいくことになるなら、社会にとって『政治』は不要になる。日大全共闘がバリケードの中で実践していたのは、そのように政治を無化していく『直接自治運動』の可能性だった」と。

自民党安倍政権が進めている「政治」の強引を見るまでもなく、「政治」とはかくも人々の願いとは無関係に機能していく粗雑で危うい統治技法であり、そもそも日常生活とは無縁なものなのです。バリケードでの暮らしを成り立たせていたような自発的で自律的な「直接自治」こそが、「政治」に変わって新しい世界秩序と日常生活の基盤を創造していく可能性だったのではないか。残念ながら、その経験を持続し拡大していく場と術を、私は掴めませんでした。

日大闘争は、1968年六月一一日に法学部三号館を全共闘が自力でバリケード封鎖し、大学を自由な「場」へと解放していく直接自治闘争に突入しました。私はその「場」から発散されはじめた「喜ばしき経験」を育んでいく空気感に身も心も同調させながらバリケード暮らしを八ヶ月間にわたって堪能することになりました。

「直接自治」を実現した「場」からは、受け取ろうと思えばさまざまなメッセージが提供されていたのではないでしょうか。後にその「場」が、私にとってはアジールのように機能していたことを知りました。でも、まさかバリケードから楽しくて心地よい「喜ばしき経験」を提供されるとは思ってもいませんでした。

七．無縁なるバリケード

私が受け取った「喜ばしき経験」とは、どんな物語だったのか。

当時を思い出すと、些細な出来事も含めて心地よく楽しかった経験のいくつかが浮かんでは消えていきます。1968年当時は厳しく感じていた出来事もそれなりにあったのですが、今となっては「喜ばしき経験」へと変質してしまったようです。

そんな記憶の中でも、私は日大全共闘の運動がどんな仲間たちとどんな経験を共有していたのかを伝えたいと思い、一人の友人とのバリケードでの出会いと交流を『路上の全共闘1968』に記録したのでした。この友人との友情物語は、一九七三年一二月に刊行した『無尽』第二号から始めた連載で、なんとしても書き残しておきたい出来事として無尽出版会の仲間たちに執筆宣言をしていました。しかし、どのように書いたらいいのか、また本人に確認しないまま書いてしまっていいのか、と考え躊躇していた出来事でした。でも、この友情物語を書かないのなら、あえて私が日大闘争を語る必要などないとも考えていました。しかし、そう考えはじめた意気込みが、なおさら書くことの困難へとつながっていきました。結局『無尽』の連載で書くことができないまま、私は長い時間にわたってこの友情物語を抱え込むことになったのでした。

『路上の全共闘1968』は、そうした躊躇や困難を抱えながら生きてきた私にやっと書く機会を提供してくれました。友情物語は「楽しいこと」という中見出しのあと、ほんの十頁ほどで終わってしまうバリケード暮らしのちょっとしたエピソードに過ぎません。でもその十頁を書くまでに、私にはおよそ四〇年の歳月が必要でした。この簡素なたったの十頁の物語は、バリケードでの友情を四〇年間も醗酵させ、我慢と断念とを繰り返してきた時間の蓄積のなかから生まれたのだろうと思っています。

それもこれも、過去の経歴やその人の性格や性別などの一切を無化し、万人を受け入れてくれた「無縁なるバリケード」があってこその出来事だったのではないでしょうか。

楽しいこと

バリケードは、その場所に出入りしている人間にとっては、特別な空間ではなかった。バリケードが世間と切り離されているといった感覚は、私にはまったくなかった。

籠城生活は、就寝と食事と活動とにほぼ振り分けられた二十四時間が、日々淡々と繰り返されていた。しかしその場所ではしばしば、既存の人間関係や人間の資質そのものを組み替えてしまうような出来事が起こったり、不思議な事件が発生したりした。バリケードの中では、出身高校や性別や国籍や体型や思想傾向といった個人の履歴や属性は、基本的に一旦は無化されてしまう。既存の自分から切断されてしまった個人は、バリケードという場所で、初めて出会う他人と自分とを新しく接続し直していくような直接的で異質な接触を交わした。その中から、改めてもう一度、他人との関係が組み直されたり、自分が練り上げられていった。

バリケードの中では、誰もが自分の変化に気づくことなく、しかし新しい自分に成っていった。バリケードで暮らすようになった私たちは、事あるごとにヘルメットをかぶりゲバ棒を持ち路上をデモすることで、体型が変わり目つき顔つきが変わり、しぐさが変わっていった。他人と議論を交わすことで話し方が変わり、寝食を共にしていくうちに嗜好や趣味が変わり、本を読むことを知って生活習慣が変わっていった。変化の中味や速度や深さはいろいろで、その人間がバリケードにたどり着くまでに、どんな人生を歩んできたのかによっても違っていた。

バリケードへの籠城が始まってから、およそ一ヶ月ほど経過した頃だったろうか。初日からバリケードに泊まり込んでいた私は、附属高校時代からの友人や同じクラスの仲間たちに囲まれながら、法学部三闘委のノンセクト組の中心で積極的に日大闘争に関わるようになっていた。まもなくやって来る夏休みを多くの籠城者によって乗り切ろうと、一人でも多くの仲間を募っている最中だった。

そこに、白い開襟シャツと黒い学生ズボンをはいた、一人の小柄な男がやって来た。応接室に入ってくると同時にその男は、ジュータンの上にバタンと倒れ込むように寝ころんだ。夜遅くまで続いた日大全共闘主催の決起集会と抗議行動を終えて、普段より多くの籠城者が、三闘委のある応接室に泊まり込んだ日のことだった。

「お前、オオカミ少年か」と、私は目の前に現れた少年のような男に向かって叫んだ。つい、オオカミ少年という言い回しが、私の口からこぼれ出てしまったのだ。目の前の百五十センチほどの背丈の男は、それほどまでに私に野生を感じさせた。

私たち籠城者は、バリケードでの寝泊まりに際して、少なからず配慮や工夫をして休息を取ったり就寝していた。布団こそまだ用意されていなかったものの、土足で歩くジュータンの上には、布や段ボールや新聞紙を敷くなどして、少しでも清潔さや暖かさを保とうと努力していた。寝る場所も、できるだけ接近しないようにと、お互いに配慮し合って生活していた。

そこに、一人の見知らぬ男がやってきて、突然、土足で汚れたジュータンに、直接唇を押し付け、うつ伏せになって寝ころんだのだ。咄嗟に、「お前、オオカミ少年か」と叫んだのは、そんな理由からだった。

そのオオカミ少年の着ている開襟シャツを見ると、路上の埃とデモの汗をたっぷり吸い込んで、襟の辺りがすっかり黒ずんで汚れていた。どう見ても、着替えをしているようには見えなかった。その上その風貌たるや、眼は細くつり上がり、口元はへの字のまま堅く閉じられ髪の毛はもじゃもじゃと乱れたままなのだ。その時、その場にいた誰もが、その男が誰なのかを知らなかった。私に大声でオオカミ少年と言われて、その男はむっくりと起きあがった。そして、ジュータンの上にあぐらをかいて座るとゆっくりとした動作で腕組みし、私を正面から睨み返すではないか。その瞬間も、やはり私には、その男がオオカミ少年のようにしか見えなかった。それが、私と周典との初めての出会いだった。

私は、その男が誰で、今日バリケードに宿泊するかどうかを尋ねた。だがその男は、腕組みをしたまま、まったく口を開こうとしなかった。

バリケードは、誰もが自由に泊まれることになっていたが、泊まり込む場合は素性ぐらいは明らかにするのが通例になっていた。どこの大学のどの学部の誰なのか程度は知っておかないと、何か非常事態が発生したときに困る。やたらと他人を疑ったりはしなかったが、闘争関係にある相手が存在する以上、無条件に信用するわけにもいかなかった。

しかしその男は、私の問いかけに、いっこうに答えようとしなかった。答えないばかりか、何も言わずに私を睨み返すのだ。

私は、問いかけを発しつつその男を観察していた。だが、変わった人間だという判断は付いたものの、とくに危険な様子は感じられなかった。だからといって、初めてバリケードに泊まり込みにやって来たその男の素性を、明らかにしないわけにはいかないと思っていた。

するとその時、私に声がかかった。

「そいつ、シューテンだよ」

初日からバリケードに泊まり込んでいた仲間がやって来て、私に声を掛けた。附属高校時代に見かけたことがあるというその仲間によると、その男は我々と同じ日大法学部の三年生で、だから三闘委の部屋に宿泊するのは当然だというのだ。

三闘委は、夏休みを前にして、一人でも多くの支援者を求めていた。その時期にやってきたこの男は、してみると日大全共闘にとって、まさに援軍に他ならない。バリケードへの泊まり込みを始めてくれる法学部の仲間が増えることは、それが誰であったとしても大歓迎ではないか。

早速私はその男に、新聞紙を一束手渡した。男は新聞の束を黙って受け取った。だがその新聞は、結局ジュータンの上に敷かれることはなかった。新聞の束はそのまま男の横に無造作に置かれ、その男は、躊躇することなくジュータンに直接唇を付けてうっぷした。

「直に寝たら、汚れるぞ」と言う私の忠告をまったく無視し、その男はジュータンに唇を押しつけたまま横たわり、そのまま就寝してしまった。私は、「やっぱりこいつ、オオカミ少年だ」と思った。附属高校の頃に見かけたことがあるという仲間によると、その男の名前は本来「周典」と書いて「ちかのり」と読むのだという。でも附属高校では、みんなから「シューテン」という通称で呼ばれていたというのだ。その話を聞いて以降、その男はみんなからシューテンと呼ばれるようになった。ただ私だけが、気分にまかせて時々「オオカミ少年」と呼び、じゃれ合った。

初めて出会った瞬間から感じていたことだったが、シューテンは他人とうまく交わることのできない性格の持ち主だった。シューテンの他人に交われない感覚に反応するかのように、当初は周りの仲間たちも、シューテンと距離をとり会話や交流を敬遠していた。

シューテンはぽつんと一人でいることが多かった。それでもシューテンはその日からほぼ毎日、バリケードに泊まり込んだ。泊まり込み組は、昼も夜も四六時中顔を合わせることになるが、それでもシューテンはなかなか仲間たちと馴染んでいかなかった。シューテンは、自分から口を開くことを、まずしなかった。自分のことを、自分の方から話そうとする素振りは、まったくなかった。何が楽しくてバリケードに泊まり込み、どんな趣味を持ち、明日の予定がどうなっているのかなど、一切の個人情報が少しも明かされることはなかった。自分が誰なのかをあえて名乗る必要はなかったが、寝食を共にしていれば、自然に相互の交流は深まっていくものだ。だがシューテンは、そうした人の輪に加わろうとしないのだ。

それでもシューテンは、籠城を継続した。何故か私は、というよりも当初は私だけが、いつもジュータンに直接唇を押しつけて寝るシューテンを、オオカミ少年と言ってかまったり、じゃれ合ったりしていた。何故、かまったりじゃれ合ったりしていたのかというと、私とシューテンとの関係が、初めのうち一方的に私から働きかけることによってしか成り立たなかったからだ。でも私の方から声さえ掛ければ、シューテンは必ず何かで応えた。ところがその応えの中味が、いつも頓珍漢なのだ。だから、そんな言い回しが的確かどうかはわからないが、私とシューテンとの関係は、私がくり出すちょっかいに、シューテンが頓珍漢に応えるといったじゃやれ合いのような関係としてしか成立していなかった。

あれは、シューテンがバリケードに泊まり込み始めてから、何日ぐらい経ったあとのことだったろうか。シューテンの素朴な野生と頓珍漢ぶりがみんなに知れ渡り、シューテンの方も自分から仲間の輪の中に加わり始めた頃のことだった。同じ附属高校だったという仲間が、シューテンの高校時代の逸話を聞きつけて、私のところにやってきた。

仲間の何人かが、シューテンの附属高校時代の逸話に耳をそばだてた。

初めのうち興味本位で聞き始めた話だったが、途中で、私ともう一人の仲間が、話を中断させて怒った。特に、朴訥な真面目さでバリケードに泊まり込み続けていた九州出身の正義漢は、声を荒らげて「そんなこと、あっちゃ、いかん」と強く断定して怒った。私も正義漢の仲間も、その瞬間、真顔になっていた。

シューテンの逸話とは、こんな話だった。高校時代、同じクラスの何人かから、シューテンはかなり激しいイジメに遭っていたというのだ。イジメはそうとう執拗に行われていたが、その行為を止めようとする者がクラスの中に誰もいなかったという。そしてある日のこと、繰り返されるイジメに耐えられなくなったシューテンは、イジメに遭っているその最中に、自分の手で、自分の手のひらに直角に、強く握った鉛筆を手のひらを貫くように一気に刺したというのだ。

当然その出来事は、クラスの仲間と学校当局を震撼させた。だが、外部にその話が広がることを恐れた学校当局は、その出来事をクラス内の小さな事件として処理し、一切口外することのないよう箝口令を敷いたのだという。

話を聞いていた全員が、瞬間息を止め、静まり返った。その時のシューテンの悔しさは、いかばかりだっただろうか。私は、その話を遮らずにはいられなかった。話を遮って「そんなこと、あっちゃ、いかん」と声を荒らげた正義漢の言葉に、だが私は「まったくだ」と付け加えることしかできなかった。

私はその話を聞きながら、「許せない」という思いを抱きつつも、一方で「やっぱりなあ」というなんともいえない悔しくて哀しい納得をも抱かされていた。シューテンの孤独がどこから来ているのかを、私はその話を聞きながら探っていた。初めに相手を警戒するような眼で見るのは何故なのかを、話を聞きながら考えていた。体型が私より一回り小さく、反応も遅く、話の脈略さえはっきりと伝わってこないシューテンは、既存の人間関係を上手に処理したり、自分を相手に合わせて器用に生きていくことのできない人生を歩んできたのではないか。そんなことを、私は話の最中に複雑な思いをめぐらせながら考えていたのだった。

話を聞き終わったあと、誰もが、シンと静まり返ってシューテンの経験を呑み込んだ。その後、誰もがシューテンのその話に触れることはなかった。

「そんなこと、あっちゃ、いかん」と言って声を荒らげた正義漢が、何人かに、その話を伝えたようだった。不自然というほどではなかったが、その逸話を境にして、みんなのシューテンへの接触の仕方が変わっていった。もちろんシューテンは、そんなことにまったく気づくことなく、バリケードへの籠城を続けていた。

警戒信号ばかりを発していたシューテンが、丁寧に自分の話を聞いてくれるようになった仲間たちに、自分の方から少しずつ話しかけるようになっていったのは、その頃からだった。しばらくすると、シューテンが三闘委の中のちょっとした人気者になっていった。バリケード生活の中で生まれた、不思議な出来事の一つだった。

でも、人間関係の流れとはそんな不思議の木から実がこぼれ落ちたりするもので、ある日、シューテンの誕生日を聞き出したという仲間がやって来て、誕生会をやろうということになった。面白がって同調した何人かが、幾らかの金を出し合った。私が、近くの洋菓子店で、小さなショートケーキを一つ買ってきた。誰かが、パチンコで稼いだといって、乾きもののつまみやお菓子を大量に持ち込んだ。酒好きの仲間が、少ない軍資金で乾杯用のビールを買ってきた。机を運んできた仲間がその上にカーテンを敷いて調達した品々を並べると、それなりにパーティ会場のような雰囲気ができあがった。

シューテンは、日中に時々自宅に帰ることがあったが、夜になると必ずバリケードに姿を現した。その帰宅日に、シューテンが姿を現す頃合いを見計らって、誕生会の準備がそっと進められた。そろそろ空が暗くなり始めたころ、いよいよシューテンが三闘委の部屋にやって来た。見張り役から、囁くように「シューテンが来たぞ」との合図が送られてきた。何も知らないシューテンが、部屋に足を踏み入れた。その瞬間、計画通りに盛大な拍手が湧き起こった。その拍手の中へと、シューテンがキョトンとした顔をして入ってきた。

「シューテンくん、お誕生日、おめでとう」

そこでもう一度、盛大な拍手と歓声が上がった。

シューテンは、戸惑っていたのだと思う。顔の半分は笑っていたけれど、もう半分は、どう対応していいのか分からない自分に困っていた。驚きと困惑の両方を抱えながら、自分がどんな態度を示したらいいのかが分からない様子だった。目の前で起こっている事態をどう理解したらいいのかを考えあぐね、混乱していたのかもしれない。

「何なの」と、シューテンがぽつりと言った。

「お前、誕生日だろ」と、私が言った。

シューテンが「うん」と言ってうなずいた。

そこで、もう一度ばかでかい歓声と、拍手が湧き起こった。シューテンのちょっと冷ややかな反応にみんなの方も少し戸惑ったが、困惑した半分の顔がゆっくり笑い顔へと変化していく様子に、誕生パーティは一気に盛り上がった。

この誕生会を境にして、シューテンの態度と三闘委ノンセクト組でのポジションが、がらりと変わった。とにかくみんなから、シューテンがすこぶる可愛がられるようになったのだ。

誕生会のあと、シューテンはしょっちゅう私の元へとやって来て、半袖シャツの袖口を引っ張りながら、質問を投げかけたり相談事を持ちかけるようになった。たいていは、誰かの誕生会に加わりたいが資金がないといったたあいのない相談事だったが、ある時、そんな話を交わしつつある事実に気づいて、私ははっとした。

シューテンの顔が、別人の顔になっていたのだ。まず、眼が丸くなっていた。そして、への字に固定されていた口元が、すっかり緩んでいるではないか。

ある日、「お前、顔が変わっちゃったな。オオカミ少年じゃ、なくなっちゃったな」と私はシューテンに言った。

「そんなこと、ないよ」と周典が、目を丸くして笑いながら答えた。

日大闘争は七月から八月にかけての夏休みを、なんとか乗り切ろうとしていた。日大全共闘の執行部は、夏休みになだれ込むことで日大闘争をなし崩し的に終息させようとしている大学当局の策動に、危機感を抱いているようだった。一ヶ月以上続く夏休みを、闘争態勢を維持し、断固とした決意で闘い続けようと考えたなら、それは大変な労力や動員力や資金が必要だったろう。三闘委でもいよいよやって来るバリケードでの夏休みをどのように乗り越えていくかが話し合われた。だが、なかなかこれといった方針は見つからなかった。

その話し合いの最中に誰かが「日大闘争は、正しいことより楽しいことの方が大事なんじゃないの」と問いかけた。途端に議論が中断され、私も周典も煮詰まりつつあった会議の緊張から解き放たれた。行動を起こすには、確かに正しさが要るだろう。しかし、行動の持続を支えていたのは楽しさであり面白さだったのではないだろうか。義務感で闘っていたとしたなら、闘いはいつまで続けられただろうか。

そして、何の特別な対策も取り組みも考えられないなかで、夏休みは一九六八年の夏にもきちんとやって来たのだった。

「楽しいこと」には、バリケード闘争に突入した日大闘争が夏休みをむかえようとしていた時期にどんな雰囲気のなかでバリケード暮らしを持続していたかが記されています。この時期、日大闘争がどこに向かっていくのか分からない不安はありましたが、それでも楽しい毎日を過ごしていました。

日大闘争はこの夏休みを無事に乗り越え、九月四日の機動隊導入に徹底抗戦を挑み、一二日にはバリケードを奪還し、三〇日に大衆団交を実現して勝利しますが一〇月一日の首相発言で大学との約束は反故となります。一一月八日に芸術学部を襲った右翼暴力団・関東軍を粉砕し、二二日には「日大・東大闘争勝利全国学生総決起大会」を安田講堂前で開催しましたが、闘争の長期化にともなって動員力は徐々に低下していきました。

一九六九年一月一八日・一九日、安田講堂で東大全共闘による徹底抗戦が闘われますが、この頃を境に日大闘争は徐々に大学当局が仕掛けてきた疎開授業への対応に追われるなど守勢へと転じ始めたのでした。

この時期、私の耳に突然シューテンの名前が飛び込んできます。


授業の再開は、大学が秩序回復を進めていく上で決定的な第一歩だった。そのスタートを阻止すべく、法学部三闘委は人数を集める必要に迫られていた。何人かで手分けして、連絡可能な仲間たちに電話をかけて動員を呼びかけた。その最中、集まりそうな人数の確認をしようと会議を始めようとした矢先に、思わぬ報告が私にもたらされた。

「周典の自宅に電話したらさ、母親が出たんだよ。それでね、いろいろと話を聞かされちゃってさ、驚いちゃったよ」

年末から年明けにかけて、周典はすっかり姿を現さなくなつていた。どうしたのかと気になっていた。だがこの頃私は、周典に限らず他人の動向に気を配るほどの余裕をなくしていた。

「何か、あったのかよ」

「いや、何かあったわけじゃないんだけど。電話口でね、母親に泣かれちゃったんだよ。それがね、母親の話だと、周典は生まれたときからちっとも笑わない子どもで中学・高校から大学生になってますます笑わなくなっていったんだそうだ。それでね、この子の将来のことを思うと辛くて不憫で途方に暮れていたって言うんだよ。母親が。それがだよ、日大闘争が始まってバリケードに泊まるようになってから、家に帰ってきて元気に笑うようになったんだって。性格もすっかり明るくなったって言うんだよ。とにかく皆さんと一緒にバリケードに泊まり込むのが楽しくてしようがないって母親に話してたらしいぜ。それでね、一度バリケードの皆さんにお会いして、お礼がしたいんですって言ってね、何度も泣くんだよ。おれ、まいっちゃってさ……」

思わず「ええ?っ。ホントかよ」と声が出た。近くで聞いていた何人かが笑った。周典のことを想い出したように笑った。私も笑った。周典の母親がそんなことを思っていたのかと驚きながら、周典の顔が浮かんできて笑った。そして、今この場にいない周典のことが少し頭をよぎった。何やってんだろう、周典のヤツと思った。だが私は、周典がすでにバリケードの中にいないことが何を示しているのかを考える余裕を、このときすでに失っていた。

疎開授業阻止闘争に、結局周典は姿を現さなかった。周典だけではなく、ほとんどの三闘委の仲間たちが連絡した約束の場所にやって来なかった。私はたった一人でビラを抱え、私が担当していた疎開授業の阻止へと向かった。

（『路上の全共闘１９６８』）

日大闘争はこののち二月二日に法学部・経済学部のバリケードが機動隊によって撤去され、拠点を失った法学部三闘委は駿河台にあった明治大学学生会館をとりあえずの集合場所と決めて活動を継続していったのでした。

その後シューテンと明治大学学生会館で会うことはありませんでした。シューテンと私との直接の交流は、こうして幕を下ろすことになります。

私はこの友情物語を、「果たして書いてもいい内容なのか、考え躊躇して」いました。それは、私とシューテンの友情が、私の「隠し事」によって支えられていたからでした。私はバリケードで寝食を共にしていた仲間から聞いた「噂話」を信じて、シューテンに接し交流していました。それに、高校時代の「噂話」を聞いたことをシューテンに確かめることも伝えることもしませんでした。だから、シューテンをめぐる「噂話」が、本当にあった出来事だったのかどうか知りません。ですから、真実を確認しないまま「果たして書いてもいい内容なのか、考え躊躇して」いたのでした。

もちろん、シューテンの母親から聞いた生育話も伝えてはいません。

でも私は、簡素に淡々と友情物語を書くことにしました。

それは、シューテンとの友情が堅い信頼関係によって支えられているからです。

だから書くことにしたし、書けたのだと思っています。

それに、シューテンなら私が書いた友情物語を受け入れ了解してくれるに違いない、と思ったからでした。

八．挨拶状を君に

二〇一一年に「日大闘争を記録する会」が誕生し、刊行が決まった『日大闘争の記録――忘れざる日々』の編集作業を私が担当することになりました。この冊子は、私が全共闘運動の記録を書き語ってきた過程で積み残してしまった荷物に、解説や注釈を加えていく機会を与えてくれたように思います。

シューテンとの友情物語についてもそうでした。

私は、バリケードで育んだシューテンとの友情を「書いてもいい内容なのか、考え躊躇していた」のに、『路上の全共闘１９６８』に書き、出版することにしました。十分に納得した上での選択でしたが、書くことを決断したことで私の中に小さな「わだかまり」が残ったのも事実でした。積み忘れてしまった荷物のように心に残った「わだかまり」を、私は「渡辺周典君への挨拶状」と題して『日大闘争の記録――忘れざる日々』に［１９６８年をめぐる幾つかの断片・その５］として記しました。

私としては、これでやっと気持ちの整理ができたように思っています。

［1968年をめぐる幾つかの断片・その5］
――渡辺周典君への挨拶状

私はバリケードで渡辺周典君と出会い、友人になりました。

バリケードでの生活を共に過ごす中で渡辺周典君の過去を知り、誕生会を開催し、友情を育んでいきましたが、いつしか周典はバリケードからいなくなってしまいました。

渡辺周典君をめぐるバリケードでの顚末は『路上の全共闘1968』に書きましたので、興味のある方はどうぞお読み下さい（注・その文章は先に引用した「楽しいこと」です）。私は、今、その渡辺周典君に会いたいなあと思っています。会って、日大闘争が私と周典にとって、どんな出来事だったのかを語り合いたいと思っているのです。

皆さんには、そんな友人はいないでしょうか。

あの時代に偶然にも出会うこととなり、今は別れてしまっている、もう一度会いたい人は、いないでしょうか。

渡辺周典君、もしも君がこの文に出会うことがあったなら、ぜひご連絡下さい。

この文は、バリケードで出会った私から君への、挨拶状です。

私は、日大闘争やバリケードでの日々をめぐって君と話をしなければならないことがあるし、何よりも旧交を温めたいのです。

渡辺周典君、お元気ですか。

今、君は、何処で何をしているのでしょうか。

私たちがそれぞれの道を歩み始めてから、あと数年で五十年を迎えようとしています。

私が君の姿を最後に見たのは、日比谷公園でした。君は、日比谷公園の植え込みを囲んでいる丸くて細い鉄柵に、一人でポツンと腰掛けていました。私はその日、日比谷野外音楽堂を会場にして開催されていた政治集会に参加していました。私が野音からデモ隊列の一員となって日比谷公園へと入り、公園の出口に向かって隊列とともに左方向へと旋回したときのことでした。瞳の端に、君を発見したんです。1969年の春頃のことだったと記憶しています。君が鉄柵に座っている姿を見つけた私は、デモ隊列の中から大声で「周典!周典!!周典!!!」と何度となく呼び掛けました。デモの腕組みをしたままでしたが、声を張り上げて呼び掛けたんです。でも私の声は、重なり合うシュプレヒコールとデモ隊列から発せられる喧噪によって、君の元には届かなかったようでした。ほんの数秒間の、流れるような瞬間の出来事でした。でも私には、政治集会やデモには加わらないのに、それでも日比谷野外音楽堂の前の鉄柵に座ってデモを見つめている君の姿が、ゆっくりとした映像となって脳裏に焼き付いているのです。

私が周典を見たのは、その日が最後となりました。

その後私は1969年9月30日の「大衆団交一周年　法・経奪還闘争」で逮捕され、愛宕警察から府中刑務所へと、未決のまま十ヶ月の獄中生活を強いられることになったからです。独房の中で私は、いつの日からか私のとなりに君がいなくなってしまった日大闘争の変質と向き合うようになっていきました。そして、君について考え始めるようになったのです。共に日大全共闘の法闘委三年生闘争委員会としてバリケードで暮らしていた私たちが、どうして寝食を別々にするようになっていったのか。なぜ、一緒のデモ隊列を組まなくなってしまったのかという理由について……。

誰か、渡辺周典君をご存知ないでしょうか。

彼のことを私は「シュウテン」と呼んでいましたが、渡辺周典君の本名は周典と書いて「ちかのり」と読みます。日本大学付属第二高校の出身だと聞いています。1966年に法学部へと進学しました。日大二高の出身者の方で、渡辺周典君のことをご存知の方はいらっしゃらないでしょうか。些細な情報でも構いませんので、ご存知の方はご連絡頂けると幸いです。

渡辺周典君、私は君のことを『路上の全共闘1968』に書きました。君に何の断りもないまま書くことに躊躇いはありましたが、それでも書きました。また、他の誰かから聞いた君の噂話についても書きました。直接の確認を君にはしなかったけれど、その噂話も書いて出版することにしました。それは、どうしても君のことを、君と過ごしたバリケードでの日々の出来事のありのままを伝えたいと思ったからなんです。君との友情を記すことが、私にとって日大闘争とは何であり、日大における全共闘運動がどのような経験だったのかを伝える核心だと思ったからです。

私の書いた話がたとえ真実だとしても、君に納得してもらえないなら私は君に謝罪しなければなりません。その覚悟も心構えもできています。

残念なのは、そうしようと思っても、君との連絡が途絶えてしまっていることです。

渡辺周典君、どうぞご一報ください。

一杯やりながら、日大闘争について語り合う時間を共有しようではありませんか。

私が『路上の全共闘1968』（河出書房新社刊）を刊行したのは二〇一〇年六月で、『日大闘争の記録――忘れざる日々』に「1968年をめぐる幾つかの断片・その5「渡辺周典君への挨拶状」」を発表したのは二〇一四年九月でした。周典君との友情物語が公になったことで、もしかしたら何らかの連絡があるかも知れないと期待しつつ、心して待っていました。一度顔を合わせて旧交を温め、日大闘争での経験やお互いが歩んできた人生について語り合えれば、私の心に残っている荷物もきっと全部整理できるだろうと思っていたのです。ずいぶん自分勝手な思い込みだと思います。でも、周典君との友情を公にしてしまった私には、挨拶状でも書いて彼からの許しを請う以外の手立てが見つからなかったのです。

残念ながら、周典君に関連する連絡はまだ一件も寄せられていません。

九．造反愉快

1968年に日大闘争が沸騰してから五〇年の歳月が経ちました。

あの時代を大学生として過ごした皆さんは、当時の出来事をどのように記憶し保存しながら生きてきたのでしょうか。私は清々しくて心地よかった日大闘争の記憶を周典君との友情物語とともに大切に抱えながら、それなりに大変だった人生を歩んできました。

それにしても、あんなに清々しくて心地よかった日大闘争の延長として暮らしてきた日々が、なぜ、かくも波乱に満ちた人生になってしまったのでしょうか。

日大闘争が起こった当初は、数多くの報道機関が大学当局の不正や問題点を指摘し、私たち学生が闘争に起ち上がった必然性を取り上げ、同情に満ちたニュースをたびたび報道していました。

1968年6月9日の『朝日ジャーナル』では、「社会観察」という頁で日大闘争の現状を「最大の私学・最大の危機」と題した見出しで報じています。


「神田の学生街を埋めつくすかに見えたデモは、五月の光のなかで、活気に満ちたものであった。日大生の表情があれほど生きいきしているのを、いや日大生にかぎらず、学生の集団があれほど、ういういしく息づいているのを発見するのはまれなことであった。

それは『古田を倒せ』をかけ声にした行進であり、つまり古田重二良日大会頭に対する、怒りのデモであったにもかかわらず、怨念の集団であるよりは、歓喜にうちふるえる集団のように見えた」


日大全共闘が神田の三崎町界隈で「古田を倒せ！　闘争勝利！」と叫びながら路上でデモを繰り返していた姿が、朝日ジャーナルの記者の眼には「歓喜にうちふるえる集団のように見えた」というのです。

たしかに私は「活気に満ち」ていたし「生きいき」していました。

そんな日大闘争が、いつからか東大闘争と同様な社会に対する「造反」として語られるようになり、大衆団交に勝利した次の日の佐藤首相発言をきっかけにして、秩序を乱す「叛逆」行為をしているといった風評のほうへと誘導されていったのでした。日大闘争と東大闘争をはじめ全国の学園闘争や政治党派の主導する政治闘争との境界線も、1968年一〇月二一日国際反戦デーの夜、全学連による新宿駅周辺での反戦闘争に騒乱罪が適用され、一一月二二日には日大と東大の全共闘が合同で集会を開催するなどの出来事を経ていくなかで徐々に消失していきました。

世間は、どこの全共闘も東大全共闘のかかげていた「自己否定」をうったえていると見ていました。東大全共闘は「帝大解体！造反有理！」と東大の門柱に記しました。

では、日大全共闘ならどんなスローガンを掲げるのか。

日大全共闘は「日大解放！　造反愉快！」だと私は思っていました。

東大全共闘は「造反」には「理」が「有」ることを主張したかったのでしょうが、私は日大全共闘の一員として、「愉快」であることこそを「造反」の核心だと思っていたのです。

その感覚は、後に東大全共闘議長の山本義隆さんが『知性の叛乱』を出版したときに、日大全共闘なら『肉体の叛乱』だと条件反射したときも同じくらい感じていました。

清々しく心地よく日大闘争にかかわった私としては、そんな気分だったのです。

残念に思うのは、そんなにも愉快だった日大闘争が、いつしか全国全共闘の結成とともに政治闘争の流れに巻き込まれ目的を見失っていったことです。一九六九年に入ると法学部、経済学部のバリケード撤去につづいて、強制撤去は他学部へも広がっていきました。時期を同じくして疎開授業が地方都市などで実施され、数週間の安易な授業だけで一年間の学習単位と進級がばらまかれ、卒業を希望する学生たちは大学を去っていったのでした。私はそののち一九六九年九月三〇日に逮捕され、十ヶ月間未決のまま愛宕警察署から府中刑務所へと移され勾留されることになりました。

「人は、その時々に、失うことを恐れるものなのかもしれない。私は全共闘に成ることで、大学の卒業資格を失った。逮捕され、未決のまま府中刑務所に収監され、青春まっただ中の10ヶ月を失った。夢にも見た音楽家への道も失った。彼女とも別れた。他にも幾つだって、失ったものを挙げることならできる。

だが心底恐れるべきは、失うことだろうか。失うことより恐れるべきは、あらゆるものを持ってなお虚ろであることではないだろうか。あなたは、今、何を持っているだろうか。そのすべてを、数えあげてみるといい。果たしてあなたの手の中に、いま何が残っているのかを確かめてみるといい。その手の中に、あなたが誰かに向かって語るに足る何かは、はたして残っているだろうか。

私は、そして全共闘を共に闘った仲間たちは、今も尚、語るに足る経験を両手にしっかりと抱きかかえている。あらためて言うまでもないことだが、ただ叛逆だけが語るに足る経験ではない。しかし『叛逆すること』は、その渦中に身体と感覚を溶け込ませた誰にでも、語るに足る豊穣で心地よい人生の可能性を経験させてくれた。

だから、叛逆は何よりも愉快であり、日大全共闘をめぐる経験は私にとって『造反愉快』に他ならないのだ」

（『路上の全共闘1968』）

叛逆は、実に愉快でした。

それは、日大闘争が清々しくて心地よい闘争として持続できた幸運によってもたらされた成果なのかもしれません。そして私は「語るに足る豊穣で心地よい人生の可能性を経験させてくれた」日大闘争について、「造反愉快」な全共闘経験であったと語る機会を得る幸運にも恵まれました。

それもこれも、私が周典君とのバリケード生活をどうしても語っておきたいと願い続けた五〇年が切り開いてくれた地平なのかもしれません。だとしたら、日大闘争と全共闘運動がどんなに「喜ばしき経験」だったのかを、友情に感謝を込めてもっと声高に語るべきでしょう。

日大闘争は清々しくて心地よく、全共闘運動は実に愉快な出来事だったのだ、と。

第三章◉

日大全共闘というスタイル

一・世間との距離

1968年の春に沸騰した日大闘争の「記憶」を「記録」しようと『日大闘争の記録――忘れざる日々』が、二〇一一年二月一五日に創刊されました。この冊子は日大闘争に参加した有志によって結成された「日大闘争を記録する会」が企画・編集し、定期読者への発送も自前でおこないほぼ一年に一冊のペースで刊行を続けています。

私はその冊子の編集人を引き受けていますが、日大闘争に参加した当事者の一人として文章も執筆してきました。

二〇一六年九月に刊行した第七号には「全共闘スタイル」と題した文章を掲載しました。

私はこの文章で、日大闘争の記録を残そうと一九七三年に無尽出版会を設立して『無尽』の刊行に取り組んでいた時代を書き出しに、全共闘経験を「全共闘スタイル」という視座に置き換えたときに見えてくる全共闘運動の愉快な景色について探ってみました。

それにしても、なぜ「全共闘」の「スタイル」が問題なのか。

まずは、そう思われるかもしれません。

そもそも「スタイル」から考えようとしたのはなぜなのか。

というより、「スタイル」とはそもそも何なのか。

神田で生まれ育った商家三代目の長男気質から、つい格好つけて「スタイル」から考えてみたという理由だけでは、必ずしもないのです。

スタイル＝styleとは、ラテン語の尖筆を意味するスティルス＝stilusに由来する言葉で、本来は公文書の書式のことでした。それが後に、文字や文章を書く方式とか芸術作品の類型的特徴を指摘する用語として使われるようになります。芸術作品にスタイルを使う場合は、歴史的様式についての解説や、表現方法の変化を年齢や時代によって区分するときに使われてきました。芸術家の生涯を青年・壮年・老年と区分して表現や技法にスタイルが使われたり、古典・ゴシック・バロックなど建築様式の特徴を説明するのに「＊＊スタイル」と連結して使われてきました。今では人の体型や格好、服飾や髪型などファッションや流行の型や考え方、人生観にまで「＊＊スタイル」と使われています。

しかし、そもそもスタイルとは尖った形に称号を与える場合に使われてきた言葉でした。単なる名付けとは違い、名指される対象が尖ったものや先鋭的でなければ、名前にスタイルは連結されませんでした。それは、styがシャープを表すものに付けられる連結形だったからです。したがってstyの付いたstyle＝スタイルとは、そもそも鋭さを持ったものに連結して付けられるのが本来の使われ方であり、スタイルにとってもふさわしい使い方なのです。

だからスタイルを、私は全共闘に連結させてみたのでした。

それが「全共闘スタイル」です。

日大全共闘とは、まさに「全共闘スタイル」と呼ぶにふさわしいシャープで尖った先鋭的な運動体でした。その感覚を、私は日大闘争の中で身体を通して実感してきました。大学当局の不正に対する率直な抗議の声が、あっという間に路上での鋭く激しいジグザグデモに変身しました。日本刀を振りかざして襲ってきたこともある右翼や体育会系学生の暴力にも、素早く瞬時に応戦しました。路上での闘争では迅速な戦術転換によって大衆と共に機動隊を粉砕するなど、日大全共闘は刻々と変化していく目の前の状況に鋭敏に対応しながら日大闘争を持続していきました。

数々のそうした経験から、日大全共闘こそ「全共闘スタイル」という名に恥じないシャープな運動体だと思ったのです。

同時に私は、この「全共闘スタイル」という文脈から、少し距離感を受け取ってほしいとも思っていました。そこで日大闘争の渦中で出会ったサルトルの『文学とは何か』の引用から書き出したのでした。サルトルは「書くことは、言語を手段として私が企てた発見を客観的な存在にしてくれるように、読者によびかけることである」と語りかけています。

なぜ近代の理想主義を象徴するサルトルなのかとの意見もあるでしょうが、私は引用した文章にある「私が企てた発見」と「客観的な存在」という言い回しから、1968年の日大闘争と現在との距離を感じ取ってもらいたいと考えたのでした。

「私が企てた発見」とは、大学当局の不正に異議を申し立て、日大闘争を企てた経験から得たさまざまな発見のことです。私も含めたいわゆる一般ノンポリ学生たちは、バリケードでの生活や路上での闘争を通してこれまでとは別な人生の可能性や自由で平等な社会への希望を発見しました。当時日大闘争は、テレビや新聞などマスコミによってたびたび報道され、多くの人に知られている社会的な出来事でした。また全共闘運動は日大・東大から全国の大学や高校へも波及し、世間から大きな注目を集めていました。七〇年の安保闘争以降も、日大闘争をはじめとする全共闘運動は、多くの人々の記憶にしばらくは留まっていたのではないでしょうか。

私は、自らも企てに参加した日大闘争と全共闘運動が、いつまでも世間に広く知れ渡っている歴史的な出来事だと勝手に思いながら日々の暮らしを続けてきました。しかし今、日大闘争や全共闘運動をめぐる私たちの経験は、世間の人びとに「客観的な存在」としてどれほど記憶され共有化されているでしょうか。

世間との距離を、考えさせられたきっかけがありました。『日大闘争の記録──忘れざる日々』の第四号で、日大闘争の最中の一九七〇年二月に右翼の襲撃によって亡くなった中村克己さんを追悼した特集にその距離を書きました。私が年齢の離れた友人と、中村克己さんの墓参りをしたときのことです。


「一回り以上も年齢が離れているということは、私たちが全共闘だった時代に、まだ小学生だったということだ。一九六八年について歴史的な出来事として知ることはできても、何一つ実感として経験したわけでは無いだろう。小学生にとっての一九六八年とは、世の中がちょっと騒がしかった時代といった程度の話ではないだろうか。そんな年下の同行者にとって『戦士』という二文字は、あまりにも遠くの国の物語に感じられたのかも知れない。全共闘が何なのかを、頭で理解することはできただろう。でも、『戦士』の二文字をすんなりと受け入れるには、まだそうとう遠い距離があったのだろう。確かに、それはそれで自然な隔たりでもあった。それが、私と同行してくれた友人とが抱えている現実たった。一九六八年とは、かくも遠き彼方の、歴史的出来事になってしまったのだ」

中村克己さんの墓石には、「全共闘戦士　中村克己の墓」と彫られています。

年齢の離れた友人は、その墓の前で「ピンと来ないですね。戦士って言われても……」と、率直な感想を私に話してくれたのでした。

たしかに年齢の離れた世代にとって、日大闘争も全共闘運動も今ではかくも遠き彼方で起こった一つの歴史的な出来事でしかないのでしょう。それに戦争を経験したわけでも戦争で亡くなったわけでもないのに「戦士」とは、たしかにピンとこないのかもしれません。日大闘争の当事者でない以上、それはそれで自然な反応ですし感想だろうと思います。

日大闘争や全共闘運動を「客観的な存在」にしてもらうには、こうした世間の現実を踏まえて1968年と現在との距離を測りつつ、自分の経験と向き合うという姿勢を持たなければならないのではないか。私は、サルトルの「私が企てた発見」を「客観的な存在」にするという言い回しから、そうした過去と現在との隔たりを感じ取って欲しいと思ったのでした。

日大闘争や全共闘運動をめぐって「私が企てた」1968年を想起し、今「客観的な存在」として1968年を見直したときにある世間との距離を感じながら、自らの経験と記憶に向き合うこと。あえてサルトルを冒頭に引用した文脈から、そのような過去と現在という時の流れがつくりだした距離の長さを自覚してもらいたいと思いつつ、「全共闘スタイル」という文章をつづったのでした。

二．日大全共闘というスタイル

「全共闘スタイル」は、『日大闘争の記録——忘れざる日々』第七号の巻頭に掲載されました。

全共闘スタイル

（1）書くこと、読まれること、記録すること

「書くことは、言語を手段として私が企てた発見を客観的な存在にしてくれるように、読者によびかけることである」

（J‐P・サルトル『文学とは何か』加藤周一他訳、人文書院）

何を書こうとも、読んでもらえる誰かにとどかなければ思弁に過ぎません。

サルトルは「あらゆる文学作品は呼びかけである」とも書いていますが、同じような思いを抱きながら私も言語を手段として日大闘争をめぐる経験を書き、読者に呼びかけてきました。『日大闘争の記録——忘れざる日々』への執筆や編集を担当しているのも、同じ思いからです。文学作品を執筆しているわけではありませんが、「記憶を記録に」書き残していくことが、日大闘争という企

てを客観的な存在にしていく一つの視点になってほしいと願いながら作業を続けてきました。多くの皆さんに『日大闘争の記録――忘れざる日々』への寄稿をお願いしているのも、日大闘争という企てに参加したことで得た発見を客観的な存在にするように、読者へと呼びかけていただきたいからです。

もちろんですが、どんなに意気込んで書いたからといって、必ず読んでもらえるわけではありません。日大全共闘書記長・田村正敏さんの呼びかけで1973年から刊行をはじめた冊子『無尽』は、多くの皆さんに読まれる機会を得られずに刊行を中断することになりました。『無尽』の創刊から始まった私の執筆作業も、なかなか広く伝わってはいきませんでした。

1968年を起点に沸騰した日大闘争をはじめとする様々な全共闘運動が、どれほど正確に言語を手段とした表現に置き換えられたとしても、「読む」という関わりを読者から得られなければ、別の時間に息を吹き返すことはありません。

『無尽』の創刊号には、そのころ詩集を刊行していた秋田明大さんと詩人の秋山清さんによる「何が続くか」を巻頭対談として掲載しました。日大全共闘議長としての経験を抱えながらどんな人生を歩んでいこうか思案していた秋田明大さんが、全身から一言一言を絞り出すように語っている姿が記録されています。東大全共闘の山本義隆さんからは、闘争のとき東大総長だった加藤一郎と公判で議論を交わした「加藤一郎公判調書」の速記録をお借りし掲載させていただきました。『無尽』は東京で三号まで制作し、その後日大から京都大学へと転身した独文学者の好村冨士彦先生によって京都版『無尽』四号が刊行され、全共闘運動の参加者と支援者たちの様々な経験が記録されました。

２００９年「若者たちの叛乱とその背景」（上巻）「叛乱の終焉とその遺産」（下巻）という副題のもとに『１９６８』（小熊英二著・新曜社）が刊行されます。著者によると、書かれた活字だけをもとに『１９６８』を執筆したというのですが、自力で刊行を続けた『無尽』は一切使われませんでした。国会図書館などにある資料がなぜ取り上げられなかったのか理由は分かりませんが、問題なのは新聞コラム「大波小波」のいう「おそらく近年、これほど多くの事実誤認に人が怒った書物も稀であろう。だがそれを粗大ゴミと一蹴するわけにはいかないのは、歴史の定本を残そうとする彼の強い意志である」という指摘でしょう。１９６８年を起点にした大学闘争が『１９６８』という社会学の研究書として歴史化されてしまうなら、日大闘争はこの本に度々引用されている橋本克彦さんの『バリケードを吹きぬけた風——日大全共闘芸闘委の軌跡』（朝日新聞社・１９８６年刊）など限られた声の記録としてしか残らないことになります。

また２０１０年に刊行された『全学連と全共闘』（伴野準一著、平凡社新書）では「全共闘運動とはベトナム戦争に加担する日本に対する怒りの運動だった」とされ、「学生運動のすべてを網羅的には扱っていない」という理由から「たとえば全共闘運動の一方の雄である日大闘争についてはあえて触れていない」と処理されています。日大全共闘は、この『全学連と全共闘』という書籍から除外されているのです。

『日大闘争の記録——忘れざる日々』が寄稿をお願いし刊行を続けている理由は、『１９６８』が聴こうとしなかった声や『全学連と全共闘』から除外されてしまった日大闘争について、参加した当事者や支援者たちの経験を「記録」に残したいと考えたからでした。

確かに、読んでもらえなければ書いた言葉も思弁にしかならないでしょう。でも、「記録」された言葉がなければ、誰も読むことはできません。

出版社から刊行された大学教授の研究書や日大全共闘が除外されている新書だけを、1968年や全共闘の「記録」にするわけにはいきません。

(2) 持続する全共闘

日大闘争の経験を執筆し記録していく取り組みを、私は何度か試みてきました。

全共闘運動が、1969年の全国全共闘結成とともに政治闘争に呑みこまれ、70年の安保決戦へと流されてから十年ほど後のことです。『無尽』の刊行や全共闘とべ平連が融合してロッキード事件を切っ掛けに刊行した市民新聞『週刊ピーナッツ』などの取り組みを通して交流を深めていた早稲田大学全共闘の津村喬さんに協力し、一冊の本を作りました。1980年に五月社から『全共闘――持続と転形』(津村喬編著)という書名で刊行されましたが、この本はこんな経緯から誕生したのでした。

全共闘運動の高揚と70年安保闘争からしばらく経った1975年から78年にかけて、『東洋大学新聞』がおよそ十数回にわたって「全共闘――解体と現在」という連載を掲載します。後に論文が追加され単行本として田畑書店から『全共闘――解体と現在』という書名で刊行されました。連載を担当した川野宏二さんは単行本の「あとがき」に、「全共闘運動を経験した世代と、経験しなかったがそれになんらかの影響をうけた世代を架橋する『テキスト』を創ろうと試みた」と書いています。執筆陣を含めて全共闘運動と真摯に向き合った内容に好感を持ちましたが、同時に違和感も抱かざるを得ませんでした。私には「果たして、全共闘は『解体』したのだろうか」という疑問が、違和感として残ったのです。日大全共闘は、誰も代表しない誰からも代表されない個人の結集体でした。有り体に言うなら、私が全共闘だと名乗っている間、私はずっと全共闘で在り続けられました。誰かに全共闘であることの許可を得たわけでも、資格を与えられたわけでもありません。私は1969年に法学部のバリケードを撤去されてからも、変わらぬ意志のもと、社会と向き合っていました。そんな私の「現在」の生き様が、全共闘であることを「解体」した姿なのだと、いったい誰が決めるのでしょうか。無尽出版会での活動や市民運動への関わりとは、私にとって全共闘運動の持続であり転戦に他なりませんでした。

その頃、日大全共闘文理学部闘争委員会の神田賢さんが主宰していた無尽出版会大塚事務所に、早大全共闘の木村進さんが王子から都電に乗って度々ふらりと訪ねてきました。その木村さんとの議論から「全共闘について今語るとするなら『解体と現在』ではなく『持続と転形』についてだろう」との提言をうけた私は、「全共闘――解体と現在」に寄稿していた津村さんにその考えを伝えたのでした。そして、同じ思いを抱いてくれた津村さんの企画が、五月社から『全共闘――持続と転形』としてまとめられ出版されたのでした。

『全共闘――持続と転形』には、無尽出版会をはじめ日大闘争の志を北海道の地で実現しようと今も挑戦を続けている『興農塾』の本田廣一さん（農闘委）や当時東京事務所で活動していた一ノ瀬透さん（法闘委）のインタビューが掲載されています。私はこの二つのインタビューを担当し、巻頭の「自分が変わること、世界が変わること」で津村さんと対談をしています。他にも全共闘運動を持続している社会活動の現場について報告されています。

津村喬さんは、この本の中で全共闘について、きっぱりと語っています。

「言うまでもなく全共闘は、何かのイデオロギーにもとづいてつくられたものではない。それは、大学の中で管理されていること、管理されるのに甘んじていれば自動的にわが身が支配階級のそばに運ばれていくことが心底たえがたいと思った時に出てきた、日常性を拒絶する運動だった。それが造反ということでもあった。わが身の帰属している秩序をどれほど深く裏切ることができるか、が闘いの動機だった。いいかえれば、主体が変ることを通じて世界を変えようとした。権力をとることで世界が変ると考えてきたのが社会党――共産党からすべての新左翼党派であったとすれば、全共闘は、権力をとることこそ最も避けたい、呪うべきことであり、問題は自らが権力になることだという宣言を発した。それは文字で書かれた宣言でなく、バリケードや、さまざまの身ぶりによって、ひとつの新しいスタイルとして、都市に書きこまれた宣言だった」

（津村喬著『全共闘――持続と転形』五月社、1980年）

日大闘争は、何らかのイデオロギーにもとづいた政治闘争ではありませんでした。

五つのスローガン（1集会の自由を認めろ　2検閲制度撤廃　3経理の全面公開　4全理事の総退陣

5処分をするな）を掲げていましたが、政治に直接係わる要求ではありませんでした。

それにもかかわらず、世の中から大いに注目され社会に影響を与えていました。日大全共闘は「権力をとることで世界が変わる」と意気込んで日大闘争に取り組んでいたわけではありませんが、「主体が変わることを通じて世界を変えよう」ともがいていたのかもしれません。

日大闘争とは、実感から言うなら「急速に変わっていく私の流れに、世界を巻き込んでいく」運動でした。大学闘争として始まった日大闘争は、日大全共闘の要求を受け入れない大学の強硬姿勢によって長期化し、闘争に参加した私のような一般学生たちを路上での闘争やバリケード生活を通じて全共闘活動家へと変えていきました。大学の不正を糾弾し、五項目の要求を掲げて大衆団交の実施を迫る日大全共闘の取り組みを、新聞やテレビが連日追いかけニュースとして報じました。日大全共闘が路上でスローガンを叫びバリケードで徹底抗戦をすると、多くのマスコミが闘いの推移を報道し論評したのでした。日大闘争を通じて知っていった社会の矛盾を正そうと行動を起こすと、全共闘の主張や存在が社会問題のテーマとなって論じられ批評されました。

日大闘争は大衆団交による話し合いを大学当局に求めた学生の民主化運動でしたが、闘争に巻き込まれたかのように警察機動隊が一方的に路上や大学に導入されました。機動隊は路上で学生たちを逮捕し、学生の築いたバリケードを暴力によって撤去しました。１９６８年9月30日に実現した大衆団交では、日大全共闘と大学当局が話し合いの末に文書による確約を交わしました。ところが翌日、一私立大学の問題に当時の首相・佐藤栄作が突然介入して発言したため約束は反故となり、民主化を求めた日大の大学闘争は政治問題化していったのでした。

そうした渦中で私も日大全共闘の仲間たちも、世の中の何と向き合い何処に帰属するのかという「生き方の選び直し」をバリケードや路上で選択していきました。

（3） 全共闘というスタイル

「全共闘を代表する一人は秋田明大だって言ったけど、彼しかいないのね。それぞれにみんなが何かを担っていたのが全共闘なんだから、『一人』はたぶんいないんだ。秋田明大っていうのは、日大っていう膨大なる無思想を代表しちゃった――そんな代表のしかたっていうのは〝スター〟っていうものでね、全共闘は無名の大スターなんだ」

（橋本治著『ぼくたちの近代史』主婦の友社、1988年）

秋田明大さんは、自分が全共闘を代表していると思っていなかったでしょう。でも世間からは、東大の山本義隆さんと日大の秋田明大さんが、「無名」であった全共闘のノンセクト・ラジカルを象徴する「スター」のように見られていました。

重要なのは、この二人が代表というより「スター」だったことではないでしょうか。

全共闘運動は、誰かを代表し誰かから代表されるような組織の「リーダー」を作りませんでした。イデオロギーや政党や指導者の指示に従い、決められた通りに行動する統制された組織体ではありませんでした。個人がそれぞれの意志と規律に基づいて自由行動を共に展開し自己組織化していった運動体でした。全共闘は不規則に変化し分散していく実体の定まらない運動体だったため、組織を統率する「リーダー」の代わりに一見して全共闘なるものを象徴する「スター」を登場させたのかもしれません。

山本義隆さんと秋田明大さんは、方針を命じ運動を指導する組織の代表ではなく、無名の全共闘たちと手を携えて行動を共にする同志でした。立場は無名の全共闘ノンセクト・ラジカルと同等でしたが、二人の意志に関係なく新聞紙面やテレビ画面に激しくアジテーションする二人の横顔がたびたび写しだされました。その役割を二人が引き受けてくれたことで、実体の定まらない全共闘運動が、これまでの学生運動とは別な全共闘というスタイルによって担われていることを発信できたのでした。

二人のスターと共に変幻自在に行動した多様体、それが全共闘のスタイルでした。世間から全共闘は、スターと共に輝く星座のように見られていたのかもしれません。路上で投石を共にしたサラリーマンや闘争を間近で取材していたジャーナリストやテレビのニュース画面を見ていたお茶の間の皆さんに、全共闘というスタイルはどのように刻印されていたのでしょうか。

ジャーナリストが、こんな証言をしています。

「背広を脇にかかえる中年ビジネスマン、子ども連れの主婦、ＯＬや学生、カップルもいた。画家かミュージシャンか、芸術家ふうの人、障害者も外国人もいた。そして私と年齢が近い高齢者たち……。年の割には意外に張りのある彼らのシュプレヒコールに、周りの人たちが驚きいっぱい、尊敬ちょっぴりのまなざしを向けていた。ほとんどが組織動員ではなく、個人が自由に参加してできあがった人々の大きなかたまりである。私はその集団から、いかにもうぶというか初々しさが伝わってくるのを感じた。そういえば、一九六八年、日大、東大に全共闘が生まれた時も、同じ感じがした。なかでも校歌を歌いながらデモをする日本大学の『普通の学生』は、目頭が熱くなるほど感動的でさえあった。二〇一二年の金曜夜、私にとっては、あの時の全共闘の匂いが久しぶりによみがえってきたのだ」

（土屋達彦著『叛乱の時代――ペンが挑んだ現場』（株）トランスビュー、２０１３年）

土屋達彦氏が感じた「あの時の全共闘の匂い」とは、日大闘争に取り組んでいた全共闘というスタイルから発信されていた「匂い」ではないでしょうか。日大闘争は、それ以前の学生運動からは感じられない闘い方の「匂い」、言わば日大全共闘によって産み出されていった独自のスタイルを持っていました。「全共闘が生まれた時」の「感じ」や「目頭が熱くなるほどの感動」や「全共闘の匂い」とは、一人一人が主人公として自律し全共闘の担い手となってバリケードを自ら治めていた闘争スタイルから産まれていたのではないでしょうか。こうした個人が、会議や闘争に自らの意志で直に係わり決定していく日大全共闘のスタイルは、当時「直接民主主義」といった言い方で受け入れられ実践されていました。

日大闘争は日大全共闘によって担われ展開されたことで、銀ヘルなど各学部ごとのヘルメット部隊やバリケード闘争や機動隊導入への徹底抗戦や9・30大衆団交といった「全共闘スタイル」を創りあげていったのでした。

2012年の金曜夜、国会前や首相官邸前に集まって「原発再稼働」に異議申し立ての声を挙げていた人々から感じられたのは、「全共闘スタイル」と同じような「個人が自由に参加してできあがった人々の大きなかたまり」だったのではないでしょうか。佐世保や羽田など各地で学生運動の取材を続けてきたジャーナリストの目に、2012年に「原発再稼働」に反対し脱原発社会の実現をめざして起ち上がった人々の姿と、1968年の「あの時の全共闘」とが重なって見えていたのでした。日大闘争は、全共闘というスタイルを伝達しようと思って闘っていたわけではありません。しかし不正に対する異議申し立てが、イデオロギーや政党や指導者の指示や命令に従うことなく個人の自由な意志によって成立することを、「全共闘」という「スタイル」の運動を実践することによって発信していたのでした。

後に全共闘運動の経験は大学という現場から分散し、全国各地の学園や地域闘争や市民運動へと引き継がれ伝わっていきました。

（4）スタイルへの共感

「パリ・コミューンとは何か。それはまず巨大で雄大な祭りであった。フランス人民と人民一般の精髄であり象徴であるパリの人民が、自分自身に捧げ、かつ世界に示した一つの祭りであった」

（H・ルフェーブル『パリ・コミューン（上）』河野健二他訳、岩波書店）

H・ルフェーブルは、『パリ・コミューン』上巻の第一部「スタイルと方法」のなかで「パリ・コミューン」とは「自分自身に捧げ、かつ世界に示した一つの祭り」であり、それが「パリ・コミューンのスタイル」だったと指摘しています。

パリ・コミューンは、1871年3月18日から5月28日までの72日間にわたり、普仏戦争敗北後のパリで労働者たちを中心にして樹立された世界で最初のコミューン＝自治政府です。パリの各区から選出された代議員によってコミューンは組織されましたが、プロイセン軍に支援されたヴェルサイユ政府軍と「血の一週間」といわれる激戦を闘って鎮圧され、崩壊してしまいました。

カール・マルクスはコミューンが崩壊した数日後に『フランスの内乱』を執筆し、「パリ・コミューン」の経験からプロレタリア革命を構想しました。

H・ルフェーブルは、労働者・市民による自治政府を出現させた「パリ・コミューン」のような歴史的な出来事には独特な「スタイル」があり、それが「祭り」だったと指摘したのです。

1871年の闘争スタイルだった「祭り」は、その後1968年にパリで沸騰しフランス全土へと広がっていった「五月革命」に、「パリ・コミューンのスタイル」として少なからず影響を与えたといわれています。それは、1871年に「パリ・コミューンという祭り」を樹立した労働者や市民の闘争スタイルに、1968年の「五月革命」を担った人々が「共感」していたからに他なりません。

いつの時代にあっても、世の中を揺さぶるような闘争は、その時代と社会環境に見合った闘争スタイルを創造してきました。もちろんそれぞれの闘争スタイルが、時をまたぎ時代を越えてそのまま単純に伝達されはしないのでしょう。しかし何かを求めてその時その場を支配し人々を高揚させた闘争スタイルは、いつの日にか何らかの異議申し立てが勃発したとき、その闘争スタイルのどこかに「共感」として甦るのではないでしょうか。

ジャーナリストとして生きてきた土屋達彦さんが2012年に「ひさしぶりによみがえった」感動とは、1968年の日大闘争と同質な闘争スタイルが2012年の「原発再稼働反対」闘争のスタイルに甦っていると見えた「共感」への感動だったのではないでしょうか。

日大全共闘が、日大闘争を闘う中から創り出していった「全共闘スタイル」は、これまで多くの人々の心を揺さぶり「共感」を誘ってきました。

「正門から安田講堂の正面へ、先導する日大全共闘の数十の旗が翻るあとを低い姿勢で近づいてくる日大全共闘のデモ隊列は圧巻だった。「闘争！」「勝利！」の掛け声を轟かせながら、三千人のスクラムが銀杏並木を抜けて、安田講堂正面に日大全共闘のためにあけられていた人垣の間に入ってきた。鋭い笛と号令の下で、ひとしきりシュプレヒコールを繰り返した日大全共闘部隊は安田講堂前に静止し、広場は隙間もない人波で完璧に埋められた。この日大全共闘の隊列を見ていた東大全共闘の学生のなかには、泣いている者がいた」

（島泰三著『安田講堂1968–1969』中公新書、2005年）

1968年11月22日、私は「日大・東大闘争勝利全国総決起集会」へと向かった三千人のデモ隊列の一員として「日大全共闘のためにあけられていた人垣の間」に向かって進んでいきました。安田講堂前に結集していた全国の全共闘たちは、日大全共闘が時空を越えて苦楽を共にしてきた全共闘を名乗る同志であることに「共感」していました。

東大全共闘の学生から「共感」の涙を誘った日大全共闘三千人のデモ隊は、膝を折り腰を低く落とした「全共闘スタイル」のスクラムを組んで、東大の安田講堂前へと前進していったのでした。

「本当の意味で『全共闘』を作りあげたのは日大です。これは文句なしにそうです。一九六八年六月に闘争が始まって以来、きわめて短期間に、学部ごとに強力な行動隊を組織しただけではなく、一一学部で事実上一一個の大学があると称される超マンモス大学の全学的な司令塔として情報局を形成した力量は瞠目すべきものです。日大全共闘だけのデモで、日大経済学部前の三崎町の道路が、比喩的な意味ではなく、現実に物理的に揺れたのですが、日大全共闘は、単にその圧倒的な動員力や、あるいは機動隊や武装右翼とのゲバルトにたいして強かったという点ですごかっただけではありません。日大闘争は、学生大衆の正義感と潜在能力を最大限に発揮せしめた闘争であり、その意味で掛け値なしに戦後最大の学生運動で最高の学園闘争だったと思います。ほんと、すごいです。いまでも涙がでてきます」

（山本義隆『私の1960年代』金曜日、2015年）

日大闘争は、「目頭が熱くなる」ほどの感動や「泣いている者」や「いまでも涙がでてきます」といった数多くの「共感」の声を集めてきました。それは、日大全共闘を結成し、強固なバリケードを構築し、右翼・暴力団と闘い、機動隊の導入に徹底抗戦し、路上で機動隊を粉砕し、バリケードを実力で奪還し、大衆団交に勝利してきた日大闘争に対する世間からの暖かい支援の意思表示でした。日本大学の不正に対して全共闘を結成して異議申し立ての声を挙げ、次々に運動を展開していった日大闘争の正義と正当性が、多くの「共感」を誘ったのではないでしょうか。

日大全共闘へのこれら数々の声援とは、多くの苦難を乗り越え日大闘争を断固として闘い続けた「全共闘スタイル」への「共感」なのです。

(5) 全共闘スタイル

日大闘争は、当初から数々の困難を克服して闘い続けられました。

日大全共闘は、日大闘争を維持し数々の試練を乗り越えていくための闘争スタイルを作りあげていく必要に当初から迫られていました。幾つもの学部が各地に点在するマンモス大学の闘争委員会をまとめていくために、誰でも直接参加可能な全体会議を開くことにしました。情報を集中してまとめ、各学部への連絡網を整えていく情報局を設けました。学生に向かって日本刀まで振りかざし襲ってくる相手に、強固なバリケードや隊列を組んで応戦しました。学園闘争に突然介入してくる警察機動隊から正義と我が身を守るために、特別な情報活動や装備も整えました。長期間のバリケード闘争を維持していくための闘い方や生活の仕方を工夫していく必要もありました。右翼・暴力団との闘いや機動隊との徹底抗戦や大衆団交など数々の出来事と対峙していくたびに、日大全共闘というスタイルが鍛え上げられ確立されていったのでした。

では、日大闘争の持続とともに出来上がっていった「全共闘スタイル」とは？

H・ルフェーブルは「パリ・コミューン」のスタイルを「祭り」だと指摘しましたが、日大闘争を牽引していた「全共闘スタイル」とは、どのように語れるのでしょうか。

1960年の安保闘争に代表される戦後の学生運動は、主にマルクス主義を標榜する同盟の指示やそのイデオロギーにもとづいた組織的な活動によって担われていました。しかし日大・東大闘争に象徴される全共闘は、既存の組織とは違って無規則に変化し分散していく運動体でした。全共闘とは、自由な個人が集合して直接異議申し立てを展開していく運動に付けられた名称であり、多様に変化しながら連なっていく個人の自己組織化運動体を名指した記号だったともいえるでしょう。組織を代表する指導者は登場しませんでしたが、全共闘運動を象徴するスターとともに、全共闘に成った個人が一人一人連なって星座を形成し輝いていました。

全共闘とは、そのように天空を移動しながら現れては消えていく星座のごとく、1968年から69年、そして70年へと移ろい変容していったように思います。日々時々の出来事に向き合い変化しながら自己組織化していった全共闘を、そもそも固定的な概念や価値観によってピン留めすることは難しいのかもしれません。個性的な個人によって構成されていた多様体だったことも、一言では語れない「全共闘スタイル」の特徴でしょう。言わば、参加者の数だけ「全共闘スタイル」があったのです。とはいえ、まとまりを欠いていたわけではありません。山本義隆さんが言うとおり「日大闘争は、学生大衆の正義感と潜在能力を最大限に発揮せしめた闘争」として圧倒的な集中力と結集力を長期間維持しました。それらの数々をあえてまとめるなら、固定化した組織として指示命令されることを拒否し自由に連合する個人の愉快な異議申し立て運動が「全共闘スタイル」なのかもしれません。日大全共闘は、自律した個人がバリケードで場を直に治める「自主・自律・自治」に基づいたスタイルによって日大闘争を展開していったのでした。

ともあれ、全共闘運動が「全共闘スタイル」とでも呼びたくなるほど剛柔で心地よい闘争スタイルによって担われていたことは、私の確かな実感なのです。

では、あなたにとって全共闘とは何だったのでしょうか。

果たしてあなたは、「全共闘スタイル」について、どう感じているでしょう。

あなたにとって全共闘は、どんなスタイルに見えていたのでしょうか。

一人一人が、自らが構成していた全共闘をめぐる経験についてもっと語っていただければ、「全共闘スタイル」は更に具体的で鮮明な実像になっていくかもしれません。

全共闘とは、日大闘争に参加し支援したあなたが創ったスタイルです。

今もまだ多くの「共感」を誘っている「全共闘スタイル」について、あなたの経験をあなたの言葉で、もっともっと語っていただきたいと思います。その作業が積み重ねられ集積されていけば、その中からきっと「全共闘スタイル」がもう少しその姿を現してくれることでしょう。

三．清々しさと心地よさの根源

私はこの「全共闘スタイル」を書くことで、全共闘運動のスタイルを確定したかったわけではありません。それより「全共闘とは何か」といった問いを発して答えを導き出そうとするような単純な図式からは正解など得られない、「総括」されざる全共闘について語っておきたかったのです。

全共闘が、日大闘争や東大闘争をはじめ１９６８年を起点にした学園闘争の過程で開拓していった社会運動としての様々な可能性を、簡単に「総括」して欲しくないという思いもありました。全共闘運動の清々しさや心地よさを現場で実感してきた私としては、「総括」という概念の枠内に全共闘経験の多様性を封じ込めたくなかったのです。

その思いの強さから先の文を「個性的な個人によって構成されていた多様体だったことも、一言では語れない『全共闘スタイル』の特徴でしょう。言わば、参加者の数だけ『全共闘スタイル』があったのです」とまとめてしまったのでした。単独者の集合体だったことに焦点を絞って全共闘経験を「全共闘スタイル」に置き換えるなら、「参加者の数だけ『全共闘スタイル』があった」という結論になるのは当然でしょう。でもそれは、全共闘運動の多様性や複雑さについて語っただけでしかありません。そして何よりも、この結論からは私自身の全共闘経験がどんな「全共闘スタイル」という視座に置き換えられるかが語られていないのでした。

それらを踏まえて、私の実感から全共闘経験を語るなら何が挙げられるのか。

まずは日大全共闘が、誰からも代表されず誰の代表でもない多様性に満ちた単独者による集合体だった点が挙げられるでしょう。日大闘争に参加した学生の要求がいかに個人的だったかは、これまでたびたび記してきたとおりです。参加した学生たちは、日大全共闘が闘争の過程でまとめていった五大スローガンの根元に自分の固有な要求をしっかり埋め込んでいました。なかには何よりも自分の要求が第一だと主張し、入学金と授業料の返済を強く求めていた猛者もいたほどです。日大闘争が既存の組織からの指導や特定の指導者からの発言などに従うことがなかった原因の一つは、この単独者による集合体だったという全共闘の組織スタイルにありました。『日大闘争の記録——忘れざる日々』第八号（二〇一七年九月一〇日刊）に掲載された秋田明大日大全共闘議長がインタビューで「全共闘は、みんな自分で決めていた」と語っている全共闘経験とは、「一人ひとりが主人公」だったという視座に置き換えられるでしょう。それが全共闘運動の「内実」であり「全共闘スタイル」の土台だったのです（秋田氏のインタビューは『日大闘争と全共闘運動』（彩流社）に再録）。

一方で日大全共闘は、日大闘争を集団による行動として牽引し「圧倒的な集中力と結集力を長期間維持」しました。そうした「力」を、単独者をまとめ統一行動や五大スローガンへと集合させていく団結力を整えていきました。誰もが自由に参加できる全体会議を合意形成の場にするなど、個人の多様な意見や様々な情報を集約し全体で共有化していく民主的な方法を確立していきました。そうした合議と決定をめぐる一連の全共闘経験は「直接民主」という視座に置き換えられるでしょう。全共闘運動の核心は、直接民主という「全共闘スタイル」を積み重ねていくことで育まれ成長していきました。

もう一つの特質は、日大闘争が運動論や組織論といった既存の方法や考え方を踏襲することなく日大全共闘とその支援者によって長期間の闘争を維持したことでしょう。私はその数々の現場に直接かかわった実感を、戦術や計画などがあらかじめ決まっていない局面でも秩序を整えながら運動を集中して自由に展開していった経験として記しました。そうした現場で重ねられていた全共闘の運動とは、「自己組織化」という生命体の有機的な働きに置き換えてみると理解できる出来事でした。路上やバリケードのなかで自己組織化していった「全共闘スタイル」が、日大闘争を勝利へと導いたのでした。

全共闘経験を私の実感をもとに「全共闘スタイル」に置き換える試みは、この三つの視座にまとめられればいいのかもしれません。

こうして置き換えた「全共闘スタイル」からは、「一人ひとりが主人公」である集合体が全共闘を名のって起ち上がり、「直接民主」による議論を積み重ねて成長し、群衆と共に「自己組織化」し、大衆団交を要求して自由な学園づくりのために闘った日大闘争の姿がしっかりと鮮明に浮かび上がってきます。

しかし全共闘経験を三つの視座に置き換えたこの「全共闘スタイル」は、けっして日大闘争だけに当てはまるものではありません。今もこれから先も、世の中には不正義がはびこり社会の矛盾や不正は無くならないでしょう。そうした諸問題を目の前にして抗議の意志を示そうと思ったとき、どうしたらいいのか。誰もが、果たして一人で取り組めるだろうかと不安を抱くでしょう。そんな時、前衛党の綱領や事前の計画や政治組織からの支援など無くても、単独者として名乗り出て異議申し立ての声をあげる勇気さえあれば何かが起こせる先例として、日大闘争や「全共闘スタイル」は役立たないでしょうか。たとえ出発は単独者であっても「一人ひとりが主人公」となり「直接民主」を尊重し、群衆と共に「自己組織化」していく運動への信頼さえあれば、改革への様々な可能性は拓かれていくのではないか。日大闘争や「全共闘スタイル」が、その勇気と行動のための素材になれないでしょうか。「全共闘スタイル」が、そのように経験を伝え新しい社会運動のステージを拓いていく一つの先例として1968年を起点にした日大闘争や全共闘運動とともに「現在」に、そして未来へと受け継がれていって欲しいと私は願っています。

私が全共闘経験を「全共闘スタイル」という視座に置き換えてみようと考えたそもそもの理由は何だったのか。

それは、日大闘争に参加することで実感した清々しさや心地よさの根源にいったい何があったのかを探ってみようと思ったからでした。

清々しかった経験や心地よかった感覚を記録するには、何をどう語ったらいいのか。いろいろと思案しつつ、日大闘争や全共闘運動にふれた報道記事など外から見た全共闘の姿に耳を傾けたりしました。そして、それら数々の見方や考え方と向き合い当時の実感を想起していくうちに、全共闘経験の複雑さや多様性をめぐっていろいろと語っておきたい衝動にかられていったのでした。

もちろん同時に、全共闘経験の清々しさや心地よさについて語っていく作業の不透明な困難さにも遭遇していました。

日大闘争は、なぜあれほどの動員力と戦闘力と持続力を発揮できたのか。

路上のデモやシュプレヒコールが、あんなにも清々しかったのはどうしてか。

バリケードで大学を封鎖して闘っていた日々が快適で心地よかったのはなぜか。右翼や暴力団によるバリケード襲撃を撃退し、機動隊を路上で粉砕した日大全共闘とその支援者たちによる秩序だった統一行動は、どうして実現できたのか。そして、激しく私の思考と身体を駆動した日大闘争と全共闘運動は、いったい私に何を語らせようとしているのだろうか、とも考えたのでした。

私にとって日大闘争は、未知なる新たな地平へといつの間にか踏み込んでしまった体験でした。自らの手でバリケードを築き、自らの意志と仲間たちとの共同作業によって大学という場を治めていきましたが、闘い方や結末への確かな自覚など無いまま闘争が日常生活と重なりながら持続していきました。そんなバリケードでの生活や路上での闘争を積み重ねていくことで様々な全共闘経験が思考や身体や感覚に染みこみ蓄積していきました。様々な理由から日本大学に入学することになったいわゆる一般ノンポリ学生が、そうした全共闘運動の経験を重ねていくことで、日大闘争と日大全共闘は形を整えながら脱皮し変身していったのでした。

1968年の春から日を追うごとに変貌をとげていった日大全共闘の様相は、自らガリ版で孔版し印刷し配布していたビラや全共闘の制作したパンフレットの数々を見てみるとよくわかります。また、当時の新聞報道や週刊誌の記事や日大闘争にふれた数多くの論評にあたってみても明らかでした。多くの様々なそうした見方や考え方が示されていたことを、私は日大闘争について振り返る作業をはじめてから知ったのでした。そして、それらに触れ他者からの声に耳を傾けていくうちに、徐々に清々しさや心地よさの根源を探っていく手がかりが浮かんできたように思えたのです。

日大闘争は、当初から運動や組織がどんな理論なり原理に基づいて展開されているのかが分からないまま進んでいたように思います。日大全共闘の名前が刷られたビラが路上での集会で配布され、次の行動や集会の日程などは告知されていました。しかし連日取り組まれていた日大闘争は、当初からあらかじめ闘争方針が決定しているとは思えない流れで進んでいきました。1968年六月一一日のバリケードストライキ突入や各学部にバリケードが築かれていった経過は自然な成り行きで進展し、闘争はあっという間に盛り上がっていきました。少なくとも、私のようなノンポリ一般学生には、日大闘争がそのように進行しているように感じられていました。後に、前々から政治セクトに所属しているメンバーが各学部で活動していたことや、何の準備もなかったわけではないことを知りました。しかし闘争の現実は、現場で運動を担っていたそれぞれの学部のノンポリ一般学生たちが、執行部の方針や計画よりいつも先行して行動し、日大闘争を進めていたように思います。

率直に言って「知らない者の強み」とでもいった感じでしょうか。

私が所属していた法学部三年生闘争委員会に集まっていた一般ノンポリ学生の面々は、「闘争」というより「遊戯」のように日大闘争に取り組んでいたように思います。

たとえば、クラスなりサークルを代表して闘争委員会に参加していたなら、代表者としての責任や役割への意識を持たされたかもしれません。しかし一般ノンポリ学生の参加者は、自分の意志で日大闘争に参加し、闘争委員会にやってきた連中でした。当然ですが、納得いかなければ自分の意志で闘争から抜けてしまえばいいわけです。だから、一般ノンポリ学生は自由で我がままでした。全共闘の執行部や闘争委員会からの指示や依頼があったとしても、やるかやらないかは個人の自由な自己決定に委ねられていました。もちろん私も、そうした一般ノンポリ学生のひとりでした。

その一般ノンポリ学生の特色は、組織立った統一行動よりも、自分の正義感や倫理観を優先させて発言し行動することでした。正しいと思えば、一歩でも二歩でも三歩でも前に進んでいきました。少々無謀な行動であっても、自分の価値観に基づいた自主的な判断を優先させていました。それが日大全共闘を構成していた参加者の特色であり、闘争の局面ではその特色が積極性となって強みへと転化していきました。日大闘争が力強く過激に前へ前へと闘争を展開していった理由の一つは、そうした個人の自主性によって様々な行動が誘発されていったという点にあったように思います。

当時日大法学部三年生で革共同中核派に所属し、日大全共闘の組織部長だった今章氏は、『情況』(二〇〇九年一二月号)の「特集　日大闘争とは何か」のインタビュー「日大闘争の記憶」でこう話しています。

「私も党派の人間だったので、日大闘争は中核派が指導したと言いたいところですが、実際は党派が日大生に置いて行かれないよう、見捨てられないよう必死で先頭に立とうとしたのが実態でしょう。いまも少し話しましたが、日大闘争はその規模においても、戦闘性においてもそれまでの大学闘争や、三派全学連の運動を大きく超えていました。

だからいままでの運動の常識で介入したら一瞬にして吹き飛ばされてしまう。だから指導というより、闘いに学ぶという要素の方が強かった。中核派は学び、己のものとし、もっとも根源的・戦闘的に闘いの先頭に立つのを行動原理としていった。だから辛うじて、見捨てられなかったのだと思います。ですから、日大闘争を党派に牛耳られた闘いなんて言うのは、歴史の偽装に等しい」

一般ノンポリ学生だった私の眼には、とても流暢なアジテーションをいつも一段高い場所から発信していた全共闘幹部の今さんが、そんな思いだったのかという驚きでひっくり返りそうになった話でした。

でもこの話は決して「今になって考えてみれば」といった次元ではなかったのです。

私は法学部の三年生闘争委員会を基盤に活動していましたが、参加していた連中の日大闘争への思いと要求は、実に多様性に富んでいました。面白そうだから、楽しいから、闘争に参加したという連中から、学費を返還して欲しいと訴える苦学生や日大闘争は革命への導火線だと主張する左翼思想家まで、いろいろな人物が様々な目的や理想を抱きながら、単独者として闘争に参加していました。そんな参加者たちを、政治セクトの方針やイデオロギーによって方向付けていくことなど、どだい無理な話でした。

長期間にわたったバリケード生活も、各学部や闘争委員会の自主的な判断と決定に任されていました。機動隊導入を迎え撃つ徹底抗戦への参加も、個人の判断に委ねられていました。私が1968年九月四日に法学部三号館への機動隊導入に対する徹底抗戦に参加したのも、たまたま一時帰宅していた私の自宅に「いよいよ今夜、機動隊が来るらしいぞ」との電話連絡が入ったからでした。私は急いで着替えをして風呂に入り、組織的な決定や誰かから指示されたわけではない徹底抗戦に参加したのでした。

日大闘争が多様で複雑な運動形態を作っていたのは、執行部からの指示や方針が行き渡るよりも先に、現場でどう立ち回るかの判断を各個人が自由に選択し決定していたからでした。参加人数の多さが、方針を伝えるより先に結果として個人の判断を優先させる状況をつくり出してもいました。全共闘としての団結や統一性は日大闘争を持続していく上で大切なポイントでしたが、それは各個人が自らの考えにもとづいて実行している規律に合わせて自然に調整されていました。大学側の暴力によっていつ何時に闘争破壊が起こるかもしれないという日大の特殊な緊張感が、組織力と団結力を優先させた自律性をつくりあげ、一人一人の自己規律を高めていったという現実的な側面もありました。

1968年に経済学部の校舎に張られていた張り紙にはこう書かれています。

規律経短学生会

1 全学友は身の回りの整理整頓を自主的に行う
2 全学友は理論武装を徹底化し討論を義務とする
3 全学友は破壊・略奪を厳禁する
4 全学友は常に衛生に気を配り自ら進んで掃除をする
5 全学友は闘争勝利のために自己犠牲をしのび固い連帯行動を守れ

この「規律」は、経短（経済学部短期）学生会という一つのグループ内で規律として働いていました。

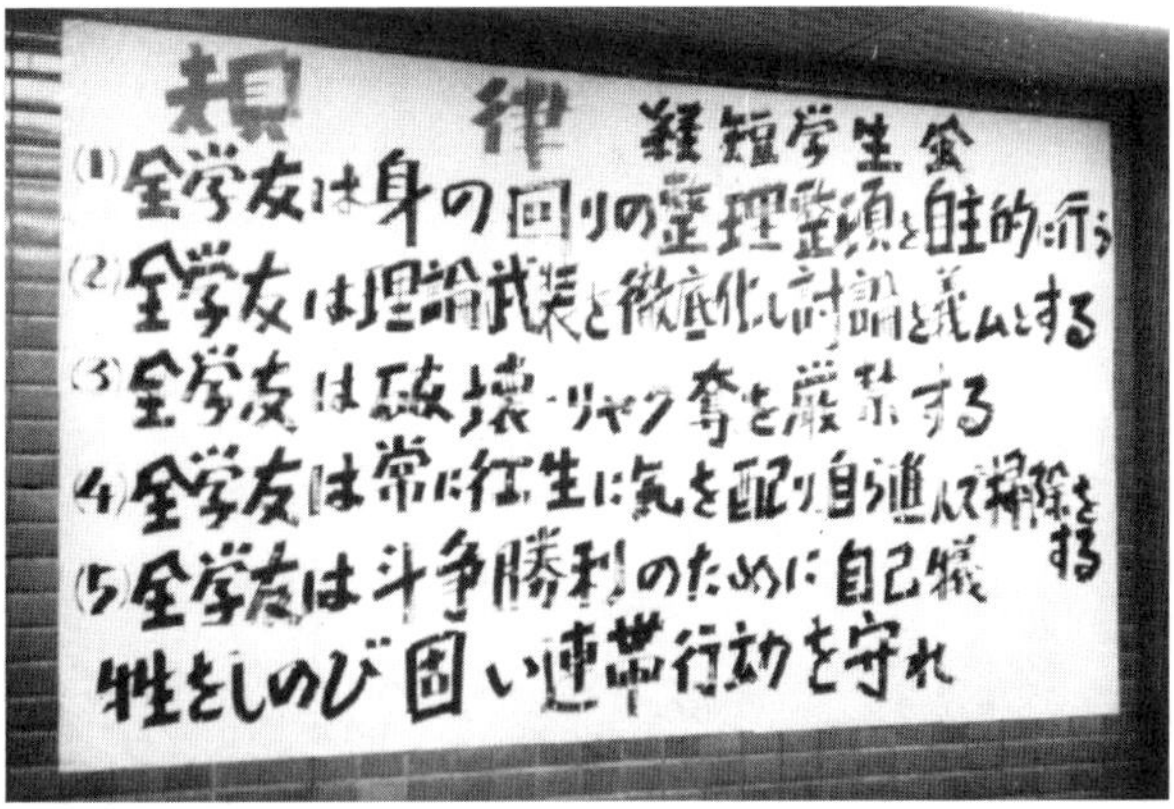

日大闘争の推進力と団結力は、こうした「自主性」や「自律性」によって支えられていました。

自主性とは、他人から言われるよりも先に、自分を主に考えて行動することでした。

日大闘争は、闘いの場面では個人が自分の意志にもとづいて、執行部から提示される方針との調整を測りつつ動いていました。自由に自主的に行動することに、誰かがブレーキをかけることはありませんでした。全体の動きにマイナスにならないような調整は、それぞれ個人の判断に任され、問題が起こったときは後に会議の場で話し合われ修正されていきました。

日大闘争が東大闘争をはじめとする他大学の全共闘運動と同じ次元で語られるようになると、「全共闘は『自己否定』」と論評されるようになりました。東大全共闘から発信された「自己否定」の考え方が、あたかも全ての全共闘を覆っているかのように世間で語られはじめたのでした。

当時「自己否定」が時代を表す流行語のように流通していました。

たしかに全共闘は、社会や制度が押し付けてくる「自己」や戦後民主主義教育が求めていた「自己」にはきっぱりと「否定」を突きつけました。しかし日大全共闘は、闘争を起こしてまで否定するような贅沢な「自己」など、そもそも持ち合わせていませんでした。

御立派なる「自己」づくりに、力を注いでこなかったのが日大生でした。

日大全共闘書記長の田村正敏さんがアジテーションで「戦後の民主主義教育をもっとも否定してきた同士諸君」と叫んだとき、勉強が大嫌いで学校の成績が最低だった私は「なるほど俺はそういう人生の選択をしてきたのか」と、妙な納得をしたのを今でも鮮明に覚えています。

そんなポン大生と言われていた日大生にとっての「自己」が、日大闘争によって客観的にも肯定される存在へと変わっていきました。社会的な問題として指摘されていた日大当局による不正を糾弾する日大闘争に主人公として参加し、自らを律して行動する「自己」に成ることは、とても心地よく愉快な出来事だったのです。大学当局の不正を糾弾する路上でのデモに参加していると、歩道からサラリーマンや通行人たちが盛んに拍手をして励ましてくれました。ご婦人がやさしい声で「頑張って」と応援してくれました。紙袋に「日大闘争カンパ袋」と書いて街角に立てば、次から次へとお札や硬貨が投げ込まれました。新聞記事やテレビのニュースが、日大当局の不正を指摘し糾弾していました。正義の日大闘争を闘っている気分の私に向かって、多くの声援が街中や近所の食堂から直に投げかけられました。日大全共闘にとっての「自己」が、否定されるよりも肯定される存在であったという所以は、そうした具体的で実感的な経験を得ていたことにあったのです。

多くの日大生が日大闘争に自主的にかかわり、日大全共闘の一人として自律的に判断し、肯定されてしかるべき自己を路上での闘争やバリケードでの生活を通して獲得していきました。

日大闘争に参加することで感じていた清々しさや心地よさの根源に在ったのは、そうした肯定的な自己でした。自主的で自律した行動から自然に確立されていった「新しい自分」に出会えた喜びが、清々しさや心地よさの根源にあったように思います。多くの一般ノンポリ学生たちが、日大闘争に参加したことが人生の新たなる出発点になったと感じていたり、今も１９６８年の経験を忘れずにいる理由は、そうした具体的で実感的な経験を重ねていったからに他なりません。

日大闘争は、誰もが自由に自主的に係わることを当然のように許容しました。

自主的に係わることとは、自分本位に勝手気ままに闘争に参加することでもありました。

しかし同時に一般ノンポリ全共闘たちは、共に闘っている隣の他者への配慮を怠りませんでした。正義の闘いの主人公であることや、清々しく心地よい気分で行動していることが、周りにいる他者への配慮や複数の仲間たちと協調していく精神的な余裕やゆとりを作りだしていました。そうした清々しさや心地よさを路上のデモやバリケード生活で経験していくうちに、私には少しずつ鮮明になっていったことがあります。

それは、私にとって日大闘争が掲げた要求を獲得する闘争であると同時に、ともに闘争に取り組んでいる仲間たちと、世界に向きあう態度を獲得していく取り組みでもあったということでした。

日大闘争を闘っていた１９６８年、私たちはまだ二十歳前後の青年でした。

日大全共闘に成った学生たちの多くは、はじめてデモや闘争を経験しました。

闘いに勝利することだけが日大闘争の目的だったなら、数多くの失敗を悔いなければならなかったもしれません。私が所属していた法闘委三年生闘争委員会のノンセクトラジカルたちは、組織活動を展開することや闘争を手際よく有利に進めていくにはまだまだ未熟であり何事にも不十分でした。そうした欠点や勘違いを数え上げるなら、問題はたくさんあったでしょう。

ただただ、日大闘争に勝利することだけが全共闘運動に参加した私たちにとっての目的だったとするなら、果たしてあれほど長期間にわたってバリケードでの生活を維持できたでしょうか。

暑くて長かった夏休みに、バリケード闘争を継続したでしょうか。

機動隊によるバリケード破壊に対して、徹底抗戦を挑めたでしょうか。

路上で機動隊を粉砕して解放区を出現させ、大地を揺さぶることはできたでしょうか。

右翼や暴力団のバリケード襲撃を、実力で跳ね返せたでしょうか。

1968年九月三〇日に大衆団交を開催し、勝利できたでしょうか。

お誕生会やダンスパーティを開催し、教室を使って自主講座を開講したでしょうか。

そして何よりも、「日大闘争は清々しくて心地よい愉快な経験だった」と、後に語ることになったでしょうか。

四．自発的な秩序をつくる

日大闘争とは、私にとって迷路のような地平を歩んでいくような体験でした。

日大闘争に参加した多くのノンポリ日大生は、きっと私と同じような感覚を味わっていたことでしょう。やる気のない教師やつまらない授業に「使途不明金二〇億円」問題が重なった瞬間、多くの日大生が数々の不満や主張を路上のデモとシュプレヒコールによって大学当局に投げつけました。

日大闘争は1968年六月一一日に法学部三号館をバリケード封鎖し本格化していきましたが、日大全共闘が実行したこの日の行動は、学生自治会での決議のようなこれまでの約束事とは無関係に自由に勝手に遂行されました。後に日大全共闘執行部は、秋田明大議長によるストライキ宣言が路上で発せられていたと告知しましたが、私も周りの全共闘仲間もそんな宣言など知りませんでした。またこの日から私は法学部三年生闘争委員会に所属することになりましたが、何かの決議や誰かの指示にしたがって闘争委員会を選んだわけではありません。一ノ瀬透という麻雀仲間から声を掛けられ、おもむいた先が三年生闘争委員会の応接室だっただけで、私がどの闘争委員会に所属しどのように日大闘争にかかわるかは自由で、誰からの指示も命令も拘束も受けていませんでした。

だからといって私は、決して自分勝手に動きまわっていたわけではありません。日大闘争の勝利に向けて全共闘執行部から提案された運動方針を支持し、他学部の学生と共に滞りなく全学部集会や統一行動に参加していました。法学部三年生闘争委員会という単位で行動し、法学部三号館に築いたバリケードの中の応接室という拠点を自ら治め、同学年の仲間たちと寝食を共にしながら議論を交わし誕生会を楽しんでいました。日大闘争をどのように進めていくのかは全体会議の議論で決められ、日々のバリケード生活はそれぞれの自主性に任されていました。日大全共闘の全体会議からどんな闘争方針や行動日程が示されようと、日大闘争を直に担っていたのは私であり共に闘争委員会に参加している仲間たちでした。闘争方針をめぐるあらゆる決定権は、私自身の意志と決断にありました。闘争方針や考え方に納得がいかなければ、日大闘争から離脱し日大全共闘でなくなればいいだけのことでした。

日大全共闘を構成している基盤が、こうした個人の自由意志と自己決定に基づいた連合形態だったことが、イデオロギーや政党によって組織化され計画された運動では成し得ない自由で独創的な日大闘争を展開できた原点でしょう。それぞれの学部や学科や学年やクラスやサークルなどが自由に独自な日大全共闘小集団を構成していたことが、徹底抗戦や大衆団交や『叛逆のバリケード』の出版など数々の成果を創り出していった土台だったのではないでしょうか。日大全共闘によって担われた日大闘争だったことが、長期間のバリケード闘争や右翼体育会系学生との対決や機動隊との激突や大衆団交を勝利へと導いていったことは間違いないでしょう。

そうした日大全共闘の骨格ともいえる集団行動を「自己組織化」という視点から見たとき、何が見えてくるでしょうか。日大闘争は、様々な闘争委員会から路上での統一行動まで自主性や自律性が優先されていましたが、それはどんな経験として参加していた学生たちに実感されていたのでしょうか。その記憶を「自己組織化」から見たとき、どんな光景が見えてくるのか。

『日大闘争の記録——忘れざる日々』第五号(二〇一四年九月刊)の「1968年をめぐる幾つかの断片・その2」で、私は次のように記録しましたが、この文章が、後に第七号で「全共闘スタイル」を書く下敷きになりました。

H・ルフェーブルは『パリ・コミューンのスタイルはまつりである』と記していますが、制度や時代に揺さぶりを掛けた闘争には、それぞれ固有のスタイルがあるようです。日大闘争は日大全共闘を名乗った学生たちによって闘われましたが、私が実践した全共闘とは、誰も代表せず誰にも代表されない個々人の自由な結束によって、その集団や時々の闘争を形成していきました。全共闘は、系として組織されたわけではなく、一つのスタイルとして受容されていました。ルフェーブル風に言うなら『1968革命のスタイルは全共闘である』ということなのではないでしょうか。

組織という見方から言うなら、そのスタイルは「自己組織化」という現象に他なりませんでした。「自己組織化」とは自律的な秩序に基づいた構造から自然に作り出される現象のことで、自発的秩序形成とも言われます。たとえば、幾何学的な形を造っていく雪の結晶や、規則的に繰り返される心臓の鼓動、細胞がDNAという設計図のもとに組織されていく現象も自己組織化の結果です。そして全共闘もまた、前衛党やカリスマ指導者の命令に従って行動していたわけではないのに、自律的な秩序を形成しつつ自発的な運動を繰り返し実践しました。

1968年9月12日、お茶の水の集会場を出撃した日大全共闘の隊列は、神田神保町で機動隊と激突します。始めて登場した催涙ガス弾によって隊列はいったん崩されますが、指揮者もなく指示もないまま路上を取り巻く大衆全共闘とともに自然に反撃が開始されると、機動隊を完膚無きまでに粉砕し、法・経のバリケードを実力で奪還したのでした。あの瞬間、日大全共闘と大衆全共闘の共闘を成立させていた自発的で秩序だった統一行動こそ、「自己組織化」という原理が働いた結果だったのです。

全共闘というスタイルは、言わば自律的な集団を形成しつつ自発的で秩序だった闘争　を自由に展開していく「自己組織化」という運動体のDNAを設計図として内包していたのでした。

全共闘が、そもそも党や指導者や組織とは無縁であり必要としなかった所以は、そこに在ります。

日大全共闘は、全共闘に成るための手続きや契約書や従うべき規則があらかじめ定められていた「組織」ではありませんでした。その全共闘という「組織されざる集団」が、長期間にわたって校舎をバリケード封鎖し、統一した要求を掲げ、路上では機動隊を見事な共同行動によって粉砕し、大衆団交に勝利した団結力と集中力はどのように獲得され維持されていたのか。日大全共闘のそうした統制の取れた行動様式や乱れることのない意思統一を実現していた原理とは何だったのか。

「自己組織化」という自然界でも機能している有機的なシステムに重ねて考えたとき、全共闘運動が実現して見せた現実が、別な角度から見えてはこないでしょうか。

「自己組織化という言葉を最初に使ったのは、化学者や物理学者だ。元は砂丘にできるさざ波模様や、特定の化学物質を反応させると浮かび上がる渦巻き模様など、自然発生的なパターンを意味していた。その後、生物学者がさまざまな生き物の行動を説明するために、この言葉を使い始めた。カリバチの巣の精巧な構造や、特定の種類のホタルが同時に光を放つパターン、ハチや鳥や魚の群れが本能的に取る集団行動を説明するために。いずれの現象にも共通するのは、だれかが押し付けたマスタープランが存在しないことだ。パターンや形、行動といったものは、あらかじめ存在する青写真や設計図に基づくものではなく、構成要素の相互作用によって、ボトムアップ的に自然に浮かび上がってくる」

（ピーター・ミラー『群れのルール――群衆の叡智を賢く活用する方法』東洋経済新報社）

「水の分子は、酸素ひとつと水素二つが『く』の字型に結合しただけの、極めてシンプルな構造です。しかし、水をある条件下に置いてやると、六角形の美しい形状をした結晶を形作ります。誰かが手を加えているわけでもないのに、自然にこうした形をとるというのは、考えてみれば非常に不思議なことです。このように、簡単な要素から、自発的に複雑なシステムが組み上がることを、『自己組織化』と呼びます。種から植物が成長することや、人間社会における秩序の形成なども、広い意味での自己組織化とみなすことができ、多くのジャンルで注目を集めている概念です」

（東京大学「自己組織化――複雑なシステムが、自発的に組み上がる手法」文・佐藤健太郎）

日大全共闘は、どうだったのか。

日大闘争を勝利へと導くための「青写真」や「設計図」は、どのように描かれていたのでしょうか。全共闘としての「秩序」を形成していくための指示や命令は、誰がどのように発信し、どう実行されていたのでしょうか。日大全共闘は五項目の要求を掲げ、大衆団交による話し合いを要求していましたが、それらを実現していくための道筋やタイムテーブルは、どれほど鮮明に計画され提示されていたでしょう。日大闘争を闘い続けていくための共同意思や統一行動を継続し維持していくために、どのように各学部や闘争委員会の連携と秩序を保っていたのでしょうか。

私が実感として記憶しているのは、所属していた法学部三年生闘争委員会に「だれかが押し付けたマスタープラン」は存在しなかったということです。当初は全体会議での決定事項を伝えてくれる闘争委員会の委員長を名乗る長倉という三年生がいましたが、いつの間にかいなくなり、伝達係のような役割だけが残りました。誰かによって全体会議で決まった闘争方針や行動スケジュールは伝わっていましたが、法学部三年生闘争委員会は整然と自主的に判断し、統一行動に参加していました。

法学部三年生闘争委員会は、誰かの命令や計画に従って行動していたわけではなく、一人ひとりの意志と合意によって集まった組織体として集会やデモやゲバルトに参加していました。それは、言ってみれば法学部三年生闘争委員会によって共有されていた「全共闘スタイル」だったと言えるのかもしれません。

私が日大闘争で感じてきた清々しさや心地よさの土台が、こうした自主性と自律性にもとづいた闘争委員会の運営形態にあったことは間違いないでしょう。日大全共闘によって計画された集会やデモにおいても、集団的な統一行動と同調するように「自己組織化」が作動していたため、全共闘の自主性や自律性は日大闘争の推進力としてスムーズに働き続けました。

五．自己組織化した群集

日大全共闘の運動は、現場でどのように展開されていたのでしょうか。

その典型といえるいくつかの場面が想い出されます。中でも、全共闘の隊列と全共闘支援者の群衆たちが機動隊と路上で激しく衝突した場面は、「自己組織化」によって展開された運動という視点から見たときに、なるほどと思えてなりません。

自己組織化した全共闘と支援学生と群衆の秩序に満ちた共同行動を象徴する出来事が起こった現場は、1968年九月一二日「法学部・経済学部奪還闘争」のデモ隊が駿河台下の交差点を過ぎて靖国通りに入ったあたりです。

日大闘争の象徴でもあったバリケードは法学部三号館に築かれてから他の学部へと拡大し、およそ三ヶ月にわたって整然と自主管理されていました。

しかし大学当局は、バリケードを機動隊の力を使って強制的に撤去しようと画策していました。大学側は夏休みが終了する九月から授業を再開しようという計画で、新聞を使っての広報活動もはじまっていました。そして九月四日の早朝、神田三崎町に建つ法学部三号館と経済学部一号館のバリケードに機動隊が導入されます。全共闘が要求していた話し合いを一方的に拒否し、突然機動隊を導入する大学当局のやり方に、日大全共闘は法学部と経済学部のバリケードを守るため徹底抗戦を挑んだのでした。

九月四日、徹底抗戦は機動隊の力に屈し、法学部・経済学部のバリケードは撤去されてしまいます。ところが、その日から多くの日大生と日大全共闘による反撃が開始され、法・経バリケードをめぐっての攻防戦が神田の街と路上で連日のように繰り返されたのでした。その攻防に決着をつけるべく、九月一二日に日大全共闘の総力を結集した法・経奪還闘争が取り組まれました。

私は法学部三号館の徹底抗戦に参加し、校舎から張りだした正面玄関上のひさしの上で逮捕されます。九月四日の徹底抗戦は学生運動史上始めての出来事で、法学部と経済学部の日大生一三二名が逮捕されました。

私は連行された警察署で取調べられ、そののち他の逮捕者とともに不起訴となり、三泊四日で釈放になりました。神田須田町二丁目の自宅に帰ってから数日後、九月一二日に日大生と日大全共闘を総動員して法学部と経済学部の奪還闘争に取り組むことを高らかに告げる秋田明大議長の演説を、自宅のテレビ画面から流れてくるニュース映像を通して受け取ったのでした。

「すべての日大生の諸君、九月一二日にお茶の水理工学部九号館前の空き地において開催される全学総決起集会に、断固として結集し、我々日大全共闘と日大生十万人の力で、法学部・経済学部を、日大生の手に奪還しようではありませんか！」

秋田明大議長が、マイクをグイッと握りしめ、私に「決起せよ！」と呼びかけている映像がテレビ画面から流れていました。

そして九月一二日の当日。

集会場となったお茶の水の日大理工学部九号館前の空き地には、数万人の日大全共闘とその支援者が会場にあふれんばかりに結集していました。集会場となった空き地の周辺も、多くの学生や野次馬たちによって埋められていました。徹底抗戦以降の報告と各学部からの挨拶が済んで集会が終わると、それぞれ学部ごとに隊列を組んだデモ隊は、全共闘の指示に従いつつもほぼ自由自在に隊列を組んでデモ行進を開始しました。デモ隊は、会場を出てから御茶ノ水の坂を下って駿河台下の交差点に入り、右手に曲がると靖国通りを行進して神田神保町の交差点に達し、そこをさらに右手に曲がって白山通りを進んで行く予定でした。その先に、目標である神田三崎町の法学部・経済学部校舎があるからです。

当初デモ隊は決められたコースどおりに行進し、法・経へと向かう予定でした。しかし、その途上となる神保町交差点を目の前にした靖国通りで、機動隊と出会い頭の衝突が起こります。この日はあまりにも集会参加者が多かったため、デモ隊の先頭が機動隊と衝突したとき、まだ最後のデモ隊は集会場から出発していなかったといいます。当日、デモ隊が進むコースは警察に許可申請書が届出されていましたが、実際の行動はそれぞれの自主性に任されていました。それでも整然とデモ隊は出発しましたが、駿河台下の交差点を過ぎたあたりから機動隊が強引な規制をはじめたため、激しい衝突となったようです。デモ隊は、法・経奪還を目指して進んでいたのですが、靖国通りで機動隊とデモ隊とが衝突した瞬間からばらばらに散ってしまいました。デモコースを進もうとした全共闘の隊列はこの時点で分散してしまいます。ところが、ばらばらになった日大全共闘と歩道を歩いていた学生や支援者や野次馬たちが混ざり合い、その場所から反撃への自発的で自律した秩序が生まれ始めます。それは、機動隊がデモ隊に向かって規制と攻撃を仕掛け隊列が散ってしまってから数分ほど後のことでした。靖国通りと神保町の交差点付近の路上には、脱ぎ捨てられたヘルメットとゲバ棒が散乱していました。その路上に一歩二歩と踏み出し始めた群衆の両手には、すでに割られた敷石が握られていました。

そのとき目にした現場の臨場感を、私は『路上の全共闘１９６８』（河出書房新社二〇一一年刊）に記録しています。長い引用になりますが、これが私の実感でした。

「白山通りへと抜けると、すぐ先の左手が神保町の交差点だ。辺りは機動隊とデモ隊との衝突のあとで、すでに騒乱状態だった。路上には、ヘルメットとゲバ棒と石が散乱していた。歩道には、溢れんばかりの学生やサラリーマンが衝突の成り行きを見守っていた。

私が神保町の交差点に達したとき、一度目の衝突が終わり、路上は小康状態に入っていた。投石防止用の大きな網とジュラルミンの楯を持った機動隊は、何人かの検挙者を投石防止用の楯の代わりに使い、少しずつ部隊を後方へと移動させていた。

衝突は、一旦停止していた。靖国通りの路上と神保町交差点は、一瞬の静寂に包まれていた。すると、歩道に佇んでいた学生が、一歩、また一歩と、路上に足を踏み出し始めた。一ヶ所だけでそれが起こったのではない。駿河台下の交差点から神保町の交差点にかけての靖国通りのあちこちで、どう見てもさっきまで歩道で衝突を見物していた学生が、一歩、また一歩と、路上へと足を踏み出していた。ゆっくりとしたその動きが、人数が増えていくにつれて、速さを増していった。路上へと歩みを進めている学生たちは、誰もヘルメットをかぶっていなかった。ゲバ棒も持っていなかった。軍手をはめている学生もいなかった。路上へと数歩足を踏み出した学生の何人かが、路上に散乱している石の一つを拾った。そして、投げた。

投石した学生の近くにいた学生と、その一歩あとから路上に足を踏み出した学生も、路上に散乱する石を拾うと、機動隊めがけて投石した。その隣にいた学生と、歩道から勢いよく飛び出してきた背広姿の若いサラリーマンも、素早く足下の石を拾うと、力を込めて投石した。歩道にいた学生やサラリーマンや野次馬が、一斉に路上へとなだれ込んだ。それら全ての群衆が、それぞれの手に石を持ち、機動隊に向かって投石を始めた。

凄かった。それは、凄まじい光景だった。

私は、けっこう冷静だった。歩道にいた群衆のほとんどが路上へと攻めあがっていく頃合いを見はからって、おもむろに石を拾い、そして私の前で投石している学生に当たらないように注意を払いながら投げた。そして、また投げた。さらに、投石を続けた。そうとうの数の石を、投げた。一歩、二歩、三歩と、少しずつ前に出て、投げた。

私は、よくもこんなにも路上に石があるものだと思いながら投げていた。凄い量の投石だった。後退していた機動隊が、大量に押し寄せる学生たちの勢いと投石にひるんでいた。あせった機動隊員の何人かが、あわてて路上で転倒した。そして、じりじりと敗走を始めた。そのとき、ばたばたと背中を見せて逃げようとする機動隊に向かって、投げられた石の量が最大に達した。

投げられた石で、地上がうっすらと暗くなっていくのを感じた。

薄暗くなった異様な光景に驚き、私は天を仰いだ。

見上げた空のおよそ四割ほどが、投石された石によって占められていた。実際にどれほど天空の面積が石によって占有されていたのか測ったわけではない。でも確かに、空の四割ほどが、投げられた石によって占められていると感じるほどの量の投石が、私の頭の上を通り過ぎていった。その瞬間、空からの光が、投げられた石によって遮られた。そう感じたのは、きっと私だけではなかったはずだ。本当に、これはどの投石の量は、後にも先にも二度と見られないだろうと思った。それほどまでに劇的な量の石が、歩道にいた学生やサラリーマンや野次馬たちによって投げられた。遠くまで届く石、途中で失速する石、前で投げている学生に当たりそうな石と、さまざまな石たちが空からそそぐ光を遮って、機動隊めがけて飛んでいった。

時間にして、ほんの数分間だったろうか。その凄まじい投石を受けて機動隊は、投石防止用に立てていた網を、機動隊の隊列の上に掛けることになってしまった。投げつけられた石の重みで、網が、自分たちの方へと倒れ込んでしまったのだ。

その、網をかぶってもがいている機動隊の一群に向かって、路上に散乱していたゲバ棒を手にして突入していく学生が現れた。すると、その学生の勢いが、周りの学生たちをいっそう勢いづかせた。次から次へと学生たちが、機動隊めがけて突入していった。ある者はゲバ棒を手に、ある者は石を握り、敗走する警察機動隊の至近距離へと近づいていき、力いっぱい打撃を与えた。

もはや、一般学生もノンポリも暴力学生も全共闘も全学連もサラリーマンも野次馬もなかった。ただただ一切の区分けを超えた群衆の混沌とした力が、渾然一体となって機動隊を圧倒していた。石を投げゲバ棒を振るっていたのは、一般暴力学生であり、野次馬全共闘であり、ノンポリ全学連だった。その場所の力関係を主導していたのは、群集の自己組織性そのものだった」

この時間、その瞬間、闘う群集の団結を支えていたのは「自己組織化」から生まれた力の集中に他ならなかったのではないでしょうか。

あらかじめ組織化されていたわけでも計画していたわけでもない路上での群衆による闘争が、自律した秩序に従って機動隊を粉砕すべく活気に満ちた行動として連動し展開されていました。

神田神保町の交差点を分岐点にして靖国通りで始まり白山通りへと連続して展開された法・経奪還闘争は、日大全共闘と支援する学生と一般大衆全共闘と野次馬全共闘と各政治党派の共闘を「自己組織化」による自発的で秩序だった統一行動として連動させ、闘争を勝利へと導いたのでした。次から次へと路上に登場した群衆は、何度かにわたる機動隊との衝突を繰り返した末、ものの見事に機動隊を粉砕し撤退させました。日大全共闘はこの日の闘争に勝利し、うねるような白山通りでのデモ行進によって神田三崎町の大地を揺さぶり、法学部・経済学部に永久バリケードを再構築したのでした。

私が目にしたこの日の光景は、日大全共闘の隊列と、歩道を歩いていた学生たちと、サラリーマンや野次馬などの支援者たちが、何一つ事前に決めていたわけではないのに、機動隊に対して整然と秩序だった統一行動を展開していく姿でした。あらかじめ組織化されていたのでも、指示や命令があったわけでもないのに、神田神保町界隈の路上では自主的で自律した多くの群衆によって法・経奪還闘争が展開されていました。厳格な組織や指導者による指示・命令や事前の計画や作戦が無くても、目標さえ明らかなら、そこに向かって秩序に満ちた闘争が自己組織化された運動として展開されていく現実を、私はこの日の法・経奪還闘争によって実感したのでした。

1968年の春からうずき始めていた日大闘争の経験は、およそ三ヶ月を経て日大全共闘に様々な能力と実力とを蓄積していました。

日大全共闘は、そもそもの成り立ちからして各学部の各学年やサークルなどによって自主的につくられた闘争委員会の集合体でした。多くは何の決議もなくつくられていった闘争委員会でしたが、この頃には自発的で秩序だった自己組織化運動を自由に展開していく資質を、数ヶ月に及ぶ全共闘経験によってすでに獲得していました。日大全共闘は、自らの意思と判断によって日大闘争を展開していく集団が形成できなければ、大学側が仕掛けてくる右翼や体育会系の暴力に対抗できませんでした。全共闘は各地に点在する学部をまとめ、大学当局に対する要求や行動を統一していく必要がありました。そのために誰もが参加できる全体会議を開催し、それぞれの立場やさまざまな考え方を交流させ集約していきました。また情報局を作って連絡網を確立し、大学側の動きをはじめ右翼や機動隊の情報も集めて共有できるような体勢を整えました。そうした経験を継続し、長期間のバリケード生活や路上での闘争などを積み重ねていくことで、自己組織化運動体としての資質と能力を身に付けていったのでした。

日大闘争は、政治的なイデオロギーや党派の指導や官僚的な組織活動などと、しっかり距離をとっていました。それは根本的には既存の組織づくりや闘争方針にもとづいた考え方や方法を取り入れる余地も必要も感じていなかったからでした。日大闘争は当初から数々の闘争経験を全共闘として重ねていくことで、隣で共に闘っている「他者への配慮」や自律した秩序形成を全共闘執行部から各闘争委員会にまで浸透させていきました。日大全共闘の基盤となっていた「自主性」と「自律性」は、大学当局への要求や行動を統一し相互に支え合うなかから芽生えていった「共感」とともに確立していったのでした。

たとえば路上のデモによってアスファルトの道路が上下に揺れ動くのを足の裏から感じているとき、異議申し立てに単独者として起ち上がった一人ひとりの連帯感は、たしかな手応えとなって実感されていました。そうした身体が震えるような「共感」が、全共闘経験の清々しさと心地よさの根源にあったのでした。

「全共闘スタイル」という視座を異議申し立ての道具箱に収めようと思ったのは、こうした全共闘経験の数々を実感していたからに他なりません。

六．飛礫《つぶて》を打つ

1968年九月一二日、全共闘とその支援者など多様で多彩な群衆によって投じられた「飛礫《つぶて》」は、これまでに投じられてきた歴史上の「飛礫」とともに、どのような出来事として記録されるのでしょうか。駿河台下から神保町の交差点にかけての広域で投じられたあまりにも大量な「飛礫」は、膨大すぎて全体の分量やその参加者数を見渡せた人など誰もいなかったでしょう。

靖国通りと白山通りの交差する地点で飛礫を打っていた私には、「凄まじい光景」としか語れない出来事でした。この日に投じられ機動隊を神田の街から撤退させた大量の「飛礫」は、日大闘争の過程で育まれ全共闘運動の骨格として成長した日大全共闘が先頭となった群集全共闘たちによって投じられ大成果を獲得したのでした。

「全共闘スタイル」と名付けたくなる数々の全共闘経験の中でも、とりわけこの「飛礫を打つ」という石を投げる行為への衝動は、不思議な力で全共闘とその支援者たちを誘惑しました。世の中の不正義に向かって異議申し立てを叫ぼうと路上に立った若者たちにとって、「飛礫」を打つ衝動へ誘われていった経験は、他に変えがたい別格な感覚だったように思えてなりません。

止むにやまれぬ「飛礫」への衝動が、たしかにありました。

湧き上がってくる力に導かれながら、誰もが路上で「飛礫」を打っていました。

歩道の敷石を地上に叩きつけてできた「飛礫」が、異議申し立てを叫ぶ群衆たちを誘っていました。路上で群衆全共闘が、石片の誘惑に導かれ乗せられて、大量の「飛礫」を狂ったように打ち続けていました。

その衝動を、全共闘の学生たちだけが感じていたわけではないのはたしかです。路上で機動隊との衝突が起こると、決まって歩道から背広姿のサラリーマンや白いワイシャツ姿の野次馬全共闘が、突如として登場しました。そして、激しい勢いで「飛礫」を打ち続けていました。そんな衝撃的な場面をどれほど見てきたことか。あの時代に叛逆への志を宿していたのは、学生や若者ばかりではなかったのです。

誰もが歩道の敷石から、石を投げる行為へと誘われていた時代だったのでしょう。

だから「飛礫」を打つ衝動は、決して全共闘だけの特権ではなかったのです。

でも私は、他の誰にも負けないほどの「飛礫」を打ちました。

『日大闘争の記録――忘れざる日々』の五号に「投石、敷石、飛礫（つぶて）」というタイトルをうち、記録しました。

投石、敷石、飛礫（つぶて）

「石を投げる、飛礫を打つ。この単純きわまる人間の行動は、それが単純であるだけに、人間の本源と深く関わっており、飛礫・石打ちにまつわる習俗は、民族をこえて人類の社会に広く根をはり、無視し難い大きな役割を果してきた。それだけに、この習俗は人をひきつけてやまぬ強烈な魅力を持っている」

（網野善彦「中世の飛礫について」『異形の王権』1993年）

1968年、あなたは幾つの石を投げただろうか。

私は、投げに投げ、投げ続け、尚も投げて投げて投げた。

投げた石の数だけを競うのなら、私は誰にも負けない自信がある。

日大闘争の正義を脅かし、神聖なるバリケードを撤去しようという輩に向かって、あらかじめ用意した全ての石を投げに投げて投げ続けた。1968年9月4日、法学部三号館・正面玄関の庇の上に陣取った私は、ジュラルミンの盾に隠れてジリジリと迫ってくる機動隊に向かって、目の前に並べた石を投げて投げて投げまくった。

バリケードが破られ籠城していた同志たちが階上へと撤退した後も、一人残って石を投げ続け、徹底抗戦を闘い抜いた。みんなが講堂でインターナショナルを歌いながら逮捕されているとき、私は投石を中断され機動隊に逮捕された。

路上でも投げた。

歩道に敷かれた敷石を頭上高く持ち上げ、アスファルトに打ち付けて造った石片を、拾っては投げ、拾っては投げ、拾っては投げ続けた。

１９６８年9月12日、神田神保町では歩道にいた群衆が怒りを込めて石を投げた。正義を貫く飛礫となって、敷石が飛んでいった。闇雲に錯乱したかの形相で投石している群衆もいた。路上に機動隊が現れた瞬間、心と身体が石を投げずにはいられなくなった。

「投石した学生の近くにいた学生と、その一歩あとから路上に足を踏み出した学生も、路上に散乱する石を拾うと、機動隊めがけて投石した。そのとなりにいた学生と、歩道から勢いよく飛び出してきた背広姿の若いサラリーマンや野次馬が、一斉に路上へとなだれ込んだ。それら全ての群衆が、それぞれの手に石を持ち、機動隊に向かって投石を始めた。

凄かった。それは、凄まじい光景だった。」

私は『路上の全共闘１９６８』に当日の出来事をそう記録した。

この日、群衆の投げた石によって空からの光が遮られ、しばしの間、地上が薄暗くなった。私が群衆と共に投石した経験の中でも、飛び抜けて大量の石が投げられた一日だった。それは、本当に凄くて凄まじい光景だった。

私が石を投げに投げ続けたように、人類もまた石を投げ続けてきたのだという。また石を投げる行為は「人間の本源と深く関わって」いると歴史家はいう。

その歴史家は、石を投げることが

1、子供の遊びとしての石合戦

2、婚礼・祭礼などハレの行事に当たっての石打

3、一揆・打ちこわし・騒動などの石礫

の三つに大きくは分けられるという。

私たちが1968年を起点として投じた飛礫は、果たしてどのように分類されるのか。いつの日か、私たちの投石もまた歴史の一コマとして語られることになるだろう。

その時に、私たちの投じた飛礫が、如何なる意志を込めた石だったのかを正確な歴史として記録してもらうためにも、『日大闘争の記録――忘れざる日々』の刊行を続けていく必要があるだろう。

全共闘運動をめぐる経験は、数々の闘争場面に単独者として参加してきた経験であると同時に、隣にいる仲間との共同作業を繰り返してきた経験でもありました。歴史家が分類した「人間の本源と深く関わって」いるという三つの項目も、それぞれ事情は違っても、共同作業として取り組まれた行為であることに違いはありません。

では日大闘争で全共闘が打った「飛礫《つぶて》」は、歴史的な出来事に参加してきた民衆たちと同様な「人間の本源と深く関わって」いる共同作業として記録されるのでしょうか。

たとえその時点では気付いていなくとも、経験として引き継がれ受け継がれていくそれぞれの土地や風土に根ざした歴史的で伝統的な行事や行為が存在します。神田須田町で生まれ育った私は、そのような経験として「神田祭」に氏子として幼少のころから加わり、稚児となって山車を引くようになりました。成長して子ども神輿を、青年になると大人たちに混ざって神輿をかつぎ神田明神への宮入を担うようになりました。全共闘として「飛礫」を打っていたときも当初は単独者として選択した自主的な行為でしたが、共同行為として拡大していく中で、かつて歴史に刻まれてあった「習俗」や叛逆への精神から何かを受け継いでいたのかもしれません。

そんな不思議な衝動へと全共闘を誘った「飛礫」を打つ行為を、私は1968年に全共闘運動を沸騰させた命の根源にまつわる原始的な「全共闘スタイル」として『日大闘争の記録――忘れざる日々』に記録したのでした。

七．連鎖する「異形」

日大全共闘は誰からも代表されず誰にも代表を託さない単独者の集合体で、自ら名乗り出た秋田明大議長、矢崎薫副議長、田村正敏書記長がそれぞれの役割を引き受けていました。

彼らは、多数決や選挙などで選ばれた代表者ではありませんでした。日大闘争の参加者はきっかけや動機が違っても、大衆団交を開催して五大スローガンの実現をめざすという目的と方法を共有できれば、誰もが日大全共闘でした。日大全共闘とは、「全」ての日大生が「共」に「闘」うために用意された、誰にでも開かれた集合場所だったのです。

日大闘争は、各学部や学科ごとに全共闘という集合場所に結集し、それぞれの所属場所に適した独自な運動を展開していきました。どのようにバリケードを築き、どの部屋をどこの闘争委員会が使い、どんな色のヘルメットをかぶるのかも、それぞれの自由な選択に任されていました。その結果、当初から日大全共闘のデモ隊は、学部ごとに色の違うヘルメットが並んだなかに個人の自由で勝手な色やデザインのヘルメットが混ざっていました。ヘルメットの色を決めようとスプレーを買いにいったところ望みの色が売り切れだったため、しぶしぶ高額だった銀色のスプレーを購入した結果、日大全共闘文理学部闘争委員会の銀ヘルが登場することになったりしました。日大全共闘の中でもとりわけ銀色に輝く大デモ隊を編成して名を馳せた文理学部の銀ヘル軍団は、何が理由かはわかりませんがいかにも強そうだと評判でした。

偶然や不思議な出来事からも、日大全共闘をめぐる伝説は生まれました。

一方で、ヘルメットを着用し角材＝ゲバ棒で武装するという出で立ちは、日大全共闘が登場する以前の闘争スタイルと重なっていました。このヘルメットにゲバ棒という恰好は、全学連が一九六七年一〇月八日に首相の南ベトナム訪問阻止を目指して羽田で取り組んだ反戦闘争から始まったといわれています。この日、全国から結集した全学連などによる反戦闘争が闘われ、参加した京大生の山﨑博昭さんが羽田の弁天橋で機動隊の暴行によって亡くなりました。この一九六七年の「一〇・八」から、自らを守るためにヘルメットを着用し目的を実現するための一つの方法としてゲバ棒が使用されるようになります。そして「一〇・八」以降、ヘルメットとゲバ棒による闘い方は「実力闘争」と呼ばれるようになり、全学連を中心にした闘争にたびたび登場するようになりました。

日大闘争にヘルメットが登場したのは、1968年六月一一日です。

この日、経済学部前で全学総決起集会を開催しようと集まっていた日大生の頭上に、右翼学生と暴力団が大学校舎の階上からガラス瓶や鉄製のゴミ箱や砲丸の玉を投げつけました。突然の暴挙だったため、路上に集まっていた学生の多くが負傷しました。何の警告もなく始まった暴行はしばしの時間つづきましたが、路上にいた学生たちは一階の窓などをぶち破って校舎に突入し反撃を開始しました。そ校舎に入った学生の証言によると、校舎内には日本刀を持った暴力団が身構えていたといいます。それら暴力団や右翼学生たちとの攻防がしばらく続いたのち、数十個程度のヘルメットが経済学部校舎前の路上に登場したのでした。

そしてこの日の夕刻、法学部三号館にバリケードが築かれ、泊まり込みがはじまります。バリケードの中では、夜になると右翼学生や暴力団から自らの身を守るためにいくつものヘルメットが配られました。夜半には、ゲバ棒がバリケードへと搬入されたのでした。

経済学部の校舎で日本刀を振りかざしていたという暴力団と右翼学生から我が身とバリケードを守るためには、少なくともヘルメットやゲバ棒が必要でした。全学連が一〇・八の羽田闘争で切り開くことになったヘルメットとゲバ棒による実力闘争という闘い方が、日大闘争に自然に入り込み浸透していきました。

「だけどね、あの日に校舎の中へ入ったら、右翼や体育会の連中がいつ襲ってくるか分からなかったじゃないですか。そしたら、バリケードを作るよね。そりゃあ、即、そうしますよ。だって、バリケードのなかにいてもいつ襲われるか分からないから、靴を履いて寝てたでしょ。日大ではそれくらい右翼の暴力が身近にあったよね」

(『日大闘争の記録――忘れざる日々』第八号)

日大全共闘議長の秋田明大氏が六月一一日の心境を実感こめて語っているとおり、日大全共闘は理不尽な暴力から自らと日大闘争を守らなければなりませんでした。そのためには強固なバリケードを築くとともに、ヘルメットとゲバ棒で自らを守る必要がありました。ヘルメットにゲバ棒というスタイルは日大全共闘によって初めて採用された「全共闘スタイル」ではありませんでしたが、日大闘争を継続しバリケードを維持していくためには最低限備えておかなければならない装備だったのです。

「さきにみた大聖寺藩の一揆は『異形なる帽子』をかぶっているが、一七五六(宝暦六)年、北陸の諸都市で米商人に対する打ちこわしをおこなった一揆は『いづれも帽子被り、目計出し』ていた。また一八三六(天保七)年の甲斐国の郡内騒動では、その参加者は『頭に色々なものをかぶり』、

一八六六（慶応二）年の信達騒動においても『白布をもって顔をおおう』ものが参加していたことが知られる。（中略）

そして、一揆の参加者が一揆に参加するさいに、すべてこのような異形姿にその姿を変えて参加するということは、この時代においても、たんにこの姿が現実的な意味をもつものであると限定して考えるべきではなく、むしろ非日常的な『場』、異常な『場』としてその一揆に参加する人びとの精神的ありかた、その集団意識構造と、より強く結びついているように思われる」

（勝俣鎮夫『一揆』岩波新書）

1968年六月一一日、ヘルメットが必需品になりました。

そのヘルメットは、世間からどのように見られていたのか。

「異形なる帽子」に、見えていなかったでしょうか。

日大生が集団でヘルメットをかぶりデモをしている姿は、法学部三号館前で食堂を営んできたおじさんの眼に、どのように写ったでしょう。

「頭に色々なものをかぶり」ながら騒いでいるように見えなかったでしょうか。

ヘルメットをかぶった私にしてみれば、校舎の上からコーラのビンやら鉄のゴミ箱が投げつけられるのを目の前で目撃したのですから、自分の身を自分で守るためには当然の選択でした。初日の泊まり込みで、夜半にバリケードの近辺を見回ったりしましたが、その時もヘルメットとゲバ棒がなければ不安でした。経済学部の校舎にいたという暴力団や右翼学生がいつ襲ってくるかわからないなか、一睡もすることなくバリケードでの一夜を過ごしました。日大闘争の勝利を目指して泊まり込んでいる以上、我が身の安全や安心とともにバリケード闘争を維持していくために、ヘルメットとゲバ棒は必須の装備だったのです。

でも、今になって冷静に考えると、ヘルメットは世間から「異形なる帽子」に見られていたかもしれません。私がヘルメットをかぶっている姿も「頭に色々なものをかぶり」ながら白山通りを行進している若者の一人に見えていたかもしれません。

かつて「一揆」の参加者たちが、同じような「異形姿」に見られていたように。

「一揆といえば、虐げられた農民の武装蜂起、反乱と思っている人が少なくない。しかし、それは一揆の一面的な理解でしかない。

一揆とは揆を一にする、一致するということである。武士でも憎でも百姓でも、解決困難な問題に直面したとき、中世の人びとは神仏の前などで議論をし、多数決で集団の意志を形成した。決定事項を遵守するという誓約を記した起請文を焼いて灰にし、神前に供えた水に混ぜて少しずつまわし飲みする、一味神水という儀式もしばしばなされた。このような非日常的な手続きを経て一揆は成立する。

多数意見は多数という形で神によって示された真理（神慮）、一揆の意志は神意の体現と観念された。こうして多数意見にすぎなかったものが、真理として全員の意志となる。

神慮であるから恐れるものは何もなく、ともすれば一揆の行動は過激で容赦のないものとなる。

必ずしも武装蜂起や反乱ではないにもかかわらず、一揆がそういうイメージでとらえられてしまうのは、ここに原因がある」

（安田次郎『日本の歴史七・走る悪党、蜂起する土民』小学館）

今さら日本の中世史から引っ張り出してきた出来事に自らの経験を当てはめ、「全共闘運動」は「一揆」だったと言うつもりはありません。たしかに日大全共闘は「揆を一つに」していましたし、誰もが参加できる全体会議を開いて議論し「多数意見にすぎなかったものが、真理として全員の意志となる」ような手続きをとっていました。だからといって、全共闘運動を安易に「一揆」に従属させようというのではありません。

しかし、1968年を起点にして沸騰した異議申し立ての直接行動が、かつて日本の中で繰り返し起こっていた「一揆」と重なる要素があったことは確かでしょう。一〇・八の「実力闘争」以降から使われるようになったヘルメットを、あえて「一揆」に見られる「異形なる帽子」や「頭に色々なものをかぶり」ながらの行為と重ねてみたのは、そうした思いからでした。そんな単純で表層的な意匠にさえ、歴史的な時間を越えて既存の体制に対して異議を申し立てた「走る悪党」同士の「共感」が宿っているように感じてならなかったからです。

全共闘運動は「一揆」ではありませんが、社会の不正義に向かって闘いを挑んだ「一味神水」による異議申し立てと、何処かで何かが交差しているように思えてならないのです。

この「共感」は、「異形姿」が時を超えて連鎖しただけの、単なる表層上の同一でしかないのでしょうか。日大闘争は、こうした「一揆」をはじめとする歴史上の武装蜂起や叛乱や異議申し立てとどのようにつながっているのでしょうか。私は、かつてあったという「一揆」に、なぜ「共感」するのでしょうか。

八．魂にふれる「共感」

私たちは、未だ達成されざる過去の異議申し立てと、どう向き合っているのか。

二〇一七年一〇月八日。

一九六七年に羽田の反戦闘争に参加した京大生山﨑博昭さんが弁天橋で機動隊の暴行によって亡くなってから五〇年の歳月が流れました。この日、山﨑さんの友人知人たちによって結成された「10・8山﨑博昭プロジェクト」の呼びかけで「羽田闘争50周年――山﨑博昭追悼」集会が開催されました。同時に記念誌として『かつて10・8羽田闘争があった――山﨑博昭追悼50周年記念〔寄稿編〕』が刊行されました。

私はこの「10・8山﨑博昭プロジェクト」に賛同人として参加し「全共闘は『10・8』から生まれたのか?」を記念誌に寄稿しました。文章は二つの段落で日大全共闘をめぐる私の経験をつづり、続けて「10・8」から何を日大闘争が受け継ぐことになったのかを記しました。

日大闘争は、1967年10月8日のような社会的課題に組織方針を決定して計画を実行する政治活動として取り組まれた出来事ではなかった。日大闘争と「10・8」とは、取り組みをはじめた主人公や原因や背景や考え方に、そもそもの違いがあった。「10・8」がどんな目的で闘われたのかを知るにつれ、日大闘争との違いが分かっていった。全学連の学生運動と日大全共闘による日大闘争とでは、イデオロギーや組織論や社会改革などへの係わり方や考え方に違いがあった。だが同時に、「10・8」が何だったのかを知るにつれ、見えてきたものもあった。

日大闘争の闘い方は、いつの間にか「10・8」と重なっていた。

1968年6月11日、経済学部前の全学集会が右翼学生や暴力団によって階上から襲撃されたとき、投げつけられるガラス瓶や鉄製のゴミ箱から身を守るため、日大闘争に初めてヘルメットが登場した。また同じ日の夕刻、全共闘によって法学部三号館に初めてバリケードが築かれ泊まり込みがはじまったが、右翼や暴力団の襲撃からバリケードを守るために角材か配られた。

この日から、ヘルメットと角材が日大闘争に何の抵抗もなく浸透していった。

大学校舎をバリケード封鎖し、日大闘争を本格化していったその初日に、日大全共闘はヘルメットを着用し、角材での武装を整えた。「10・8」に、首相の南ベトナム訪問を阻止しようと装備したヘルメットと角材が切り開いた実力闘争の地平を、日大闘争は何の躊躇もなく自然な選択として受け入れ引き継いでいた。

私が津村さんとの対談で「それがなければ、ということは言えるんだろうけれども」と話したのはその事だった。歴史に「もしも」は無いけれど、もし「10・8」に実力闘争が実践されていなかったとしたら、日大全共闘は右翼や暴力団の襲撃や機動隊の暴力から、どのように我が身とバリケードを守り闘うことができただろう。

他に「10・8」から受け継いだものはないだろうか。

1968年9月12日、日大全共闘は神田駿河台下から神保町にかけての路上で、機動隊と激しく衝突した。9月4日の機動隊導入によって奪われ破壊された法学部・経済学部のバリケードを奪還し再構築すべく、数万人の日大全共闘とその支援者たちが闘争に参加していた。この日、多くの学生が1967年10月8日に羽田の弁天橋で京大生・山﨑博昭さんが遭遇したであろう機動隊の暴力と、同じように対峙することになった。「ベトナム戦争への加担」も「古田体制による二十億円使途不明金」も、不当で不正義であることに変わりはない。そして、それらの過ちや矛盾を正そうとする行動を、国家権力が阻止しようと暴力を行使することもまた同様だった。

だが「10・8」も日大全共闘も、それを許さなかった。世の中の正義を警察機動隊によって押さえ込もうとする暴力の行使に対して、「10・8」と日大全共闘は実力で立ち向かった。その瞬間、双方で実力闘争を担っていた学生たちの意思と行動は、時空を超えて繋がってはいなかっただろうか。

私は『路上の全共闘1968』の出版や『日大闘争の記録——忘れざる日々』の刊行や公開座談会での議論を重ねていくうちに、全共闘運動をめぐる数々の経験と過去の社会的出来事との重なりや繋がりをあらためて見つめ直す機会を得ることになった。

確かに日大全共闘は「10・8」から生まれたわけではない。

だが、「10・8」から受け継いだ大切なものも数々あったのだ。

では今「全共闘は『10・8』から生まれたんだよな」と聞かれたら、私はどのように応えるだろう。

「そうだね。でも、日大全共闘は『10・8』から生まれたわけじゃあないんだ。でもね、『10・8』が切り開いた実力闘争の地平を、しっかりと受け継いでいたんだ。あの日に亡くなった山﨑博昭さんの思いとも、きっとどこかで繋がっていたんじゃないかな」。

私はそう応えようと思っている。

私は日大闘争に参加し、日大全共闘として闘うことで一九六七年の「10・8」が切り開いた「実力闘争」の地平を受け継ぐことになりました。自覚して「実力闘争」に参加したわけではありませんが、自らの意志でヘルメットをかぶりゲバ棒を持ちました。その選択が、結果として「実力闘争」を受け継ぐことにつながっていたのでした。歴史上の時間を過去にたどるなら、「異形なる帽子」や「頭に色々なものをかぶり」ながら異議申し立てに挑んだ「一揆」参加者の様相も、色とりどりなヘルメットを介して全共闘が受け継いでいたように思えてなりません。そうしたつながりはまた同時に、「10・8」で亡くなった山﨑博昭さんの反戦闘争への決意や、「一揆」によって不正や不平等を正そうと命をかけて起ち上がった多くの人びとの闘争心からも、大切な何かを受け継いでいたのではないかと思います。

だからといって私は「10・8」に羽田で取り組まれた反戦闘争の意義や山﨑博昭さんの決意を十分に理解しているわけではありません。ましてや「一味神水」の思いで起ち上がった「一揆」参加者の決断など知る由もないのです。

にもかかわらず表層上の同一性にもとづいて安易に「受け継ぎ」や「つながり」を強調したなら、それは極めて危険な思い上がりに陥るでしょう。同時代に同世代の若者が異議申し立てを叫んでいた現象を根拠に、全学連や連合赤軍のリンチ殺人や内ゲバを全共闘運動と単純に接続させ理解させようと画策する治安対策上の言説と、それは同じような言い回しになるからです。

全共闘運動は、全学連による学生運動や一揆とは別な異議申し立てでした。しかし、歴史上の異議申し立てから何かを受け継いでもいたのです。

慎重に出来事と向き合い、連続と切断、差異と同一とを見極めなければなりません。「共感」は、厳密な峻別がなされなければ魂に触れることはできないでしょう。

私が過去の出来事から感じた「共感」とは、安易な同調意識ではありませんでした。社会や歴史とともにある「共感」とは、相手の意見や感情などを理解して同調し「共」に「感」じるといった通常の次元とは別にあるのではないでしょうか。「いま・ここ」の感覚が、時空を越えて過去に発生した異議申し立てに寄り添い共鳴しなければ、魂にふれる「共感」は生成されないでしょう。「共感」とは、私がどう感じているのかを問題にするのではなく、「10・8」や「一揆」がどのような出来事だったのかの核心を知りその当事者に寄り添い向き合うことからはじまります。その姿勢が定まったとき、はじめて「共感」のための要件が見えてくるからです。

だから魂にふれる「共感」を得るには、出来事の由来を知ってもらい内実と核心に触れてもらう必要があるでしょう。そのためには、出来事をめぐる正確な記録や証拠が開示されていなければなりません。様々な手段や方法を駆使し感覚を鋭敏にし、開示された歴史的な出来事と向き合わなければ、魂にふれる「共感」は産まれないでしょう。

全共闘運動が「最終的には官憲の手を煩わせるまでもなく、『内ゲバ』という互いに喉笛を掻き切り合うような『相対死に』のかたちで終熄したのは『自罰のプロセス』としては当然だとも言えるのである」と内田樹氏に指摘され、『総括せよ！さらば革命的世代』（産経新聞出版）と書籍で言及されてしまう現実のまえで私たちが気づくべきは、全共闘運動をめぐる証言の不在だったのかもしれません。１９６８年や全共闘運動に真摯に向き合うよりも制度上の言説に同調しその枠内で語ることに何の疑問も感じないのは、無自覚であるよりも無知だったからでしょう。そうした「治安対策」上の姿勢と同調する論調を拡散させてしまったのは、全共闘運動の実態や核心がこれまで十分に語られ伝えられていなかったからでもあるのです。

治安対策上の言説はマスコミや教育機関を総動員して「歴史」という制度上の言説を書き上げていきます。僅かに語られてきた全共闘経験の核心を伝えようとする声は、制度化されていく「歴史」の力によってかき消されてきました。全共闘運動への「共感」の声は、全共闘と全学連と連合赤軍をひとつにくくり「歴史」として語っていく治安対策上の言説よりも大声で語られることはありませんでした。

しかし、全共闘運動の実態と核心を語りその由来を解き明かしていく試みは、皆無ではありませんでした。私も一九七三年に無尽出版会を起ち上げて『無尽』を刊行し、そののちも機会あるごとに自分の言葉で自らの経験と全共闘運動の系譜をたどる試みを続けてきました。

二〇一一年に『路上の全共闘1968』を書き下ろし、『日大闘争の記録——忘れざる日々』の刊行を現在もつづけられているのは、それらの作業に挑み続けてきたことの成果でもありました。

では、それで十分なのか。

どこまで、どれほどの作業が必要とされているのか。

日大闘争の記録と日大全共闘の経験と全共闘運動をめぐる系譜は、今、何についてどこまで語られているのでしょうか。全共闘運動の実態と核心とは、どれほど語ったとき明らかになったといえるのでしょうか。全共闘運動を、リンチ殺人事件や内ゲバと同一にして語る治安対策上の言説が「歴史」として定着化していく力に、どのように異議申し立てを対峙させれば良いのでしょうか。

まずは、全共闘運動への「共感」を得ることから始めなければならないでしょう。

魂にふれる「共感」を得るには、全共闘運動が出現することになった出来事の由来を知ってもらい、実態と核心にしっかりと向き合ってもらう必要があるでしょう。

私は、日大全共闘こそその素材の一つとして的確ではないかと思ってきました。

果たして日大全共闘は、これまで世間からどのように見られてきたのか。

全共闘運動を象徴する自主的で自律した単独者集団だった日大全共闘は、全共闘運動の実態と核心を知ってもらうのに適しているのではないでしょうか。自ら名乗りでた全共闘議長のもと、全体会議という直接民主を優先させ、強固なバリケードを築いて機動隊導入に徹底抗戦し、機動隊を路上で粉砕してバリケードを奪還し、万余の参加者によって大衆団交に勝利した日大闘争の経験は、東大闘争とともに全共闘運動を象徴しているといっていいのでしょう。

私はその当事者として文をつづり話をしてきました。

日大闘争を共に闘った仲間たちとともに、「記憶を記録に」と呼びかけてもきました。『日大闘争の記録――忘れざる日々』は、その取り組みから生まれました。必ずしも思い通りの成果が得られたわけではありません。でも私は、魂にふれる「共感」が必ずしも記録や証言の積算された分量によって決められると思っているわけではありません。

九.〈現在〉を異化する記録

記憶や記録や証言について考えるとき、参照すべき歴史上の出来事があります。戦争をめぐる経験です。

たとえば私は、高橋哲哉氏の著作『記憶のエチカ――戦争・哲学・アウシュビッツ』(岩波書店)が語っている論点や姿勢のなかから、「過去」の記憶や記録を考えていく大切な手がかりを教えられました。この書籍はハンナ・アーレント、レヴィナス、京都学派などを読み直し、制度化された「歴史」という物語へと回収されていく戦争の経験や証言について考察し、「忘却の穴」に封じられた「記憶」にどうすれば耳を傾けることができるのか、また歴史修正主義や歴史認識にどう向き合えばいいのかを問いかけています。

冒頭に掲げられた第一章「記憶されえぬもの、語りえぬもの」では、ドイツ出身のユダヤ人で米国へと亡命したアーレントの著作『全体主義の起源』を入り口に『忘却の穴』や映画『ショアー』について語られています。

高橋哲哉氏は、『全体主義の起源』で著者アーレントは「ヒットラー治下のドイツとスターリン治下のソ連における強制収容所および絶滅収容所の現実のなかに『考えつづける』べき最も『恐ろしいこと』を認めた」といい「『犠牲者の跡形もない消滅ということが全体主義の体制にとってどれほど重要だったか』をくりかえし強調している」こと、そしてすべてを消滅し「記憶」をも残さない「忘却の穴」への考察が展開されていることを記しています。

また『ショアー』(Shoah)は一九八五年にクロード・ランズマン監督によって制作された上映時間九時間三〇分のフランス映画で、一九七四年から一一年もの歳月をかけて撮影され、作品はホロコースト(ユダヤ人絶滅政策)にかかわった加害者の元ナチス党員、被害者のユダヤ人生存者、虐殺を傍観していたポーランド人たちへのインタビューを中心に演出も加えられたドキュメンタリーで、ホロコーストとともにその証人をも殺害していく「『証言の不可能性』は、まさしく『ショアー』の『最も深く決定的な主題』になっている」と指摘しています。

さらに高橋哲哉氏は、ナチスによるユダヤ人虐殺を忘却し隠蔽するような「歴史修正主義」の問題点を指摘し、「歴史」なるものが現在に立脚して生産された一つの言説でしかなく「まさにこの〈われわれの現在〉の自明性こそ《歴史》の原 - 暴力に他ならない」といい、続けてこう語ります。

「〈われわれの現在〉のうちにはけっして現前化しえない過去との関係、〈われわれの現在〉によってはついに記憶されえず、『忘却の穴』に沈んでしまった過去との関係によって〈われわれの現在〉がたえず異化され、他化されるような歴史性を考えなければならないのだ。〈われわれの現在〉の自明性を徹底して疑問に付すことが必要である。どんな歴史的思考も、あの『喪失の真理』を歴史性の本質に組み込むこと、すなわちわれわれの知を超え、記憶を超え、伝聞や伝承や伝統を超え、物語り叙述する行為を超えたものへの関係をわれわれの〈歴史への関係〉それ自体のなかに組み込むことをしないかぎり、結局は〈われわれの現在〉の特権を意識的にか無意識的にか確認することに終わってしまうからである」

戦争をめぐる深く切実な経験とその「記憶」。現在によって「記憶」されることのない、「忘却の穴」に沈んでしまった過去。遠い彼方にありながら、現前化することのない忘れてはならない出来事。戦争という経験には、今も語られることなく〈われわれの現在〉に着地点を求めて彷徨っている「記憶」があるのではないでしょうか。そうした戦争の「記憶」にたどり着き、寄り添い向き合うことはできるのでしょうか。私たちが教育という名の下に聞かされてきた戦争の「歴史」を、どうすれば疑問に付すことができるのか。「歴史」という制度化された言説の次元に「修正」されてしまった戦争という物語の一歩手前に立ち戻るには、どうすればいいのか。語りえぬものが語りえないままあった時点の現場に踏みとどまっている人の証言に寄り添い、その声にそっと耳を傾けられるのでしょうか。もしも「記憶」が「忘却の穴」に封じられ〈現在〉に現前化できないのなら、私たちに何ができるのでしょう。

〈現在〉に生きる私は、「忘却の穴」とどのように向き合えるのか。

「忘却の穴」が発しているかもしれない声を、どうすれば聞き取れるのか。

「歴史」の彼方へと封じられた「記憶」に、どうやったら出会えるのか。

戦争の「記憶」を、〈現在〉に働きかけ〈現在〉を異化していく力にするには、そうした問い掛けを中断することなく積み重ねて「いま・ここ」と向き合いつづけること。特権的な〈現在〉によって制度化された「歴史」を解体し書き換えるには、「歴史」に対して不断の問い掛けや疑問や反証を継続して対峙させていくしかないのかもしれません。一言の証言や一つの証拠や一件の発見が、制度として定着していた「歴史」に亀裂を走らせ、書き換えを促した事例は幾たびも繰り返されてきました。一つ一つの事件や出来事が膨大な欠片の集積であることを証明していくとともに、「歴史」が「忘却の穴」という「記憶」の不在を抱えながら成り立っている現実を明らかにし受け入れていくこと。〈現在〉という特権によって制度化された「歴史」を「異化」していくには、そうした手続きが必要でしょう。最も大切にされるべき「記録」とは、そうした取り組みを重ねていったその果てに出現する「忘却の穴」の遺留品なのかもしれません。

では、全共闘経験をめぐる「記憶」は、どうなのか。

戦争をめぐる「記憶」のように、「忘却の穴」に封じられているのか。

〈現在〉に現前化できずにいる「記憶」はあるのでしょうか。

1968年に沸騰した日大闘争や全共闘運動の「記憶」も、ホロコーストや強制収容所が強制したような直接の暴力による「忘却の穴」への封じ込めにきっと遭遇していることでしょう。しかし戦争や暴動などをめぐる数々の経験によって、出来事の「記憶」を力の行使によって「忘却の穴」に投げ込む旧態依然の政治支配体制は、今は少しずつ変更されているように感じられます。

では、そうした流れのなかで全共闘が『総括せよ！さらば革命的世代』（産経新聞出版）と言われてしまう現実は、どのように出現したのか。「記憶」は、なぜ「記録」されてこなかったのか。

その根源には、複数の複雑な理由や原因があるのでしょう。

たとえば「自分たちにとってもよくわからない経験だったという事情が大きかったのではないだろうか。自分と密接にかかわっているテーマであればあるほど、伝えにくいのである。自分の思い込みや心情、あるいは入れあげたイデオロギーをぬぐい去って、自分たちがつかまれてしまった経験の正体を語るのはえらくむずかしいことだ」（『思想としての全共闘』）という小阪修平さんの話が、根底にあったかもしれません。

全共闘経験が最も語るべきは、1968年に沸騰したときの瞬発し跳躍した「新鮮な息吹」ではないのか。

それは、全共闘の清々しく心地よいスタイルが証明しているのではないか。

具体的で実感的な全共闘運動の実態と核心が、なぜ語られないのか。

私は、長い間そんな思いを抱き続けてきました。

ところが、全共闘運動をめぐる「沈黙」と「停滞」は1968年から四〇年目を勢いなく経過したあたりから少しずつ変化へのきざしが現れはじめました。二〇〇九年に社会学者の小熊英二氏が刊行した『1968』をめぐる評判とその内容への違和感や反論が、1968年の出来事と全共闘運動に新たなる眼差しや再評価を加えていく気運を上昇させていったように思います。

全共闘運動に関連する何冊かの書籍が刊行され、私も『路上の全共闘1968』を二〇一〇年に書き下ろし刊行する機会を得られたのでした。そうした流れに相乗りしたかのように日大闘争を記録する会が結成され、『日大闘争の記録——忘れざる日々』の刊行が始まりました。

日大闘争を記録する会では、まず始めに日大闘争の「記憶を記録に」と呼びかけました。公開座談会を開催し『日大闘争の記録——忘れざる日々』を刊行し当時の資料を収集して記録づくりに取り組みました。多くの皆さんに「記憶」を「記録」にと呼びかけたのは、数万人にも及んだであろう日大闘争の参加者とその支援者のかかわりと経験をできる限りすくい取り「記録」しなければ、日大闘争の記録にはならないという思いからでした。

残念なのは、まだ十分といえる全共闘経験が集まっていないことです。『日大闘争の記録——忘れざる日々』に掲載された「記録」は、ほんの一握りの日大闘争の「記憶」に止まっています。飲み屋の片隅で威勢良く語られている全共闘経験に比べると、それは僅かでしかありません。

日大闘争を記録する会の取り組みは、何を示しているのか。

全共闘運動の実態と核心は、はたして語り得る経験なのか。

語り得ない経験なら、「ありのまま」の全共闘経験は「記録」できるのか。

「忘却の穴」が存在することと向き合いながらホロコーストの「記憶」を「記録」しようとした『ショアー』は、どんな試みに挑んでいたのでしょうか。「記憶」はどうすれば「ありのまま」の出来事を証言し「記録」されるのでしょうか。その可能性を開いていくための大切なヒントを、『ショアー』は証言への取り組み方を通して教えてくれているように思えたのでした。

ランズマン監督は『ショアー』への証言を求めていくとき、証人たちが断片的に発するいくつかの言葉が、必ずしも直に「歴史」を書き換える言葉として成立しているかどうかを問題にすることなく拾い集めていきました。どのような証言であっても、語られている言葉の端々を通して語りえぬものを断片として残している「記憶」の大切さを大事にしていました。

過去の出来事とは、実際はどのように語られるのか。

「記憶を記録」するのに、どうすれば「記憶」にない「記録」を得られるのか。

全共闘経験の「ありのまま」を「記録」するには、どんな証言が必要なのか。

それは、たとえ証言が断片的で意味不明であっても、「記録」されることからすり抜けた「記憶」の欠片を切り捨てることなく聞き取ることでしょう。細やかな思い出やささやき声やしぐさに目つきなど肌触りのように感覚に刻まれている「記憶」を、全共闘経験の実感として「記録」することでしょう。そうしたいくつもの「記録」できなかった欠片を拾い集め、1968年という時代に全共闘が描いた地図の上にバラバラと並べて模様を描いていくことはできないでしょうか。

「奇想天外な小片を継ぎはぎするところにモザイクの圧倒的な力が存するように、哲学的な考察にあっても、飛躍を恐れるには及ばない。個々のもの、異質のものからモザイクは集成される。聖像の超越的な力であれ真理のそれであれ、それをモザイク以上に強力に教えうるものは、ほかにはあるまい。思考の細片の価値は、基本的構想の尺度をもってしては直接に側りえないものであればあるほど、それだけ決定的になる」

（ヴァルター・ベンヤミン「認識批判的序説」野村修訳）

全共闘運動を経験していれば、誰にでもできること。

それは、1968年という過去に今も瓦礫のように散乱している「記憶」の欠片を想い出してみることです。そしてその欠片を一つ一つ拾い集めて、モザイクのように並べてみることです。

全共闘経験と共にある「思考の細片」を拾い集めてモザイク模様を描いてみることなら、誰にでもできるでしょう。「思考の細片」とは、かぶっていたヘルメット、ガリ版で書いたビラ、ジーンズにTシャツ、聞いていた音楽、食堂の定食、文庫本など同時代を共に生きた欠片たちのことです。その欠片のなかに、今も「思考の細片」は生き続けています。ベンヤミンが書き残した「認識批判的序説」の一片も、私にとっては文庫本に刻まれた「思考の細片」の一つに他なりません、それら数々の欠片とともにある全共闘経験の想い出を拾い集めて、モザイク模様の地図を描くことなら誰にでもできるのではないでしょうか。

そもそも全共闘とは「個々のもの、異質のもの」によってモザイクのように集成した単独者による集合体でした。全共闘とは「基本的構想の尺度をもってしては直接に側りえない」集合体であり、増殖し自己組織化していった不思議な運動体だったのです。それは、これまでに登場したことのない社会運動だっただけに、全共闘運動の実態と核心を語る言葉を見つけられなかったのは自然な成り行きでした。実感として全共闘運動が清々しく心地よかった感覚はあったものの、その感覚が何から得られたのかを上手く説明することができませんでした。

全共闘運動の実態と核心をつかむためには、「忘却の穴」に沈んでしまった「記憶」が存在することを自覚し、「思考の細片」と共にある全共闘経験に寄り添いながら地道な探索作業を積み重ねていくしかないのでしょう。私たちの「記憶」は、そのような手続きを経ることによって〈現在〉を異化する「記録」になれるのかもしれません。

消滅してしまったかもしれない1968年の路上やバリケードでの「記憶」から「記録」を紡いでいくことの大切さはそこにあります。全共闘運動の「記憶」が〈現在〉に働きかけ〈現在〉を揺さぶり異化していくような力を持つためには、そうした作業の集積が必要なのではないでしょうか。

幸いなことに、「日大闘争を記録する会」によって1968年から七〇年を中心に日大全共闘とその支援者たちによって配布されたビラ、謄写版、大学当局との確認書、ヘルメットなどの資料が集められ、千葉県佐倉市にある国立歴史民俗博物館に寄贈されて「近現代日本の社会運動資料」として収蔵されることになりました。これら一万五〇〇〇点余りの第一次資料は、全共闘運動の実態と核心のありのままを読み解いていく貴重な原資料です。五〇年目を前にした二〇一七年に、今も「思考の細片」のなかで呼吸を続けている1968年の息吹が、〈現在〉を異化する「記録」として甦るきっかけをつかんだのでした。

収蔵された資料は、誰に対しても永遠に開かれ、いつでも、今もアクセス可能です。展示期間以降も公開されています。

いつの時代にあっても〈現在〉に働きかけ、〈現在〉を異化し、〈現在〉を変革していく力を持っている「記憶」や「記録」があります。一揆や戦争をめぐる「記憶」と「記録」がそうであるように、〈現在〉を揺さぶり危うくする力を有するであろう全共闘運動の「記憶」や「思考の細片」から、どんな「記録」をどうすれば手に入れることができるのか。

小さな断片から、忘れてしまった「記憶」への通路を見つけること。

細くて長い糸の先に繋がっている、忘れられない「記憶」の欠片を探すこと。

「思考の細片」に刻まれた全共闘経験から〈現在〉を異化する種を採取すること。

その種には、〈現在〉が未だ達成されざる1968年である息吹が封印され、発芽の瞬間を待ちながら準備を整えていることでしょう。

全共闘経験の「ありのまま」を「記録」する取り組みとは、今に残された「思考の細片」や忘れかけていた「記憶」の欠片を拾い集めて手繰り寄せ、いくつもの大切な想い出を星座のように地図上に配置してモザイク模様を描いていくことなのかもしれません。1968年を起点に勢いよく現れ天空を移ろい消えていった全共闘運動の実態と核心がモザイク模様に仕上げられたとき、「記憶」は「記録」となって参照され、〈現在〉を異化し世界を変革していく礎になることでしょう。

努々忘れようと思うことなかれ。

全共闘経験を「忘却の穴」に沈めてはなりません。
忘却とは、何よりも「記憶」への暴力的な切り捨てに他ならないのですから。

あとがき◉「共感」の彼方から

1968年の春、私は神田の街で全共闘になりました。

私にとって、また全共闘へと私を育ててくれた神田の街とそこで暮らしていた人々にとって、1968年とはどんな年だったのでしょうか。

「1968年とは、都心の下町神田の住人が、東京の街や店や通行人と濃密な関係を結んでいた都電という糸を、ブツッと切られ始めた年だった。私が、神田の路上にバリケードを築いたのは、そうした事態と無関係ではない。それは、神田の路上で私たちが機動隊と衝突したとき、全共闘に混ざって、多くの地元住民が投石に加わっていたことと同じように、無関係ではなかった。都電の廃止に象徴される町の変貌が、私には不愉快だった。止めたいと思っていた。神田という故郷の風景を、喪失したくなかった。神田須田町の地べたから、追い出されたくなかった。路上に積み重ねていった敷石を、廃止されていく都電の墓標にしたくなかった。私は、敷石を一つ二つ三つと引っぱがし、進歩や発展や成長という名目で破壊されていく神田の町と大地と直に交流し、その痛みを分かち合おうとしていたのかもしれない。バリケードへとつづく道を歩みながら、私は喪失しつつある故郷の風景と、言葉にならない別れの挨拶を交わしていた。少なくとも私は、破壊されていく神田という故郷の街並みの悲しみを背負いながら、機動隊に向かって、一石一石を投じていた。私は、この街で闘っていただけではなく、この街と共に闘っていたのだと思う」

（『路上の全共闘　１９６８』河出書房新社、二〇一〇年刊）

私は東京都千代田区神田須田町二丁目十九番地三号で、一九四七年四月二三日に生まれました。母から「お産婆さんが来て、この家で生まれたのよ」と聞かされています。

実家は布生地をあつかう商家で、私はその三代目でした。

千代田区立千桜幼稚園から千桜小学校に進み今川中学校へと進学しましたが、今はそれら公立の幼稚園、小学校、中学校は廃校となってありません。また、どこへ行くにも都電だった私は、「須田町」という駅名を掲げて走る車両に愛着を感じていましたが、その都電も地下鉄の拡張や採算性の悪化を理由に廃止され今は走っていません。須田町交差点の角で「宮内庁御用達」の看板を掲げていた果物店「万惣」や通りに軒を連ねていた何軒もの生地問屋も店をたたみ、街はすっかり昔の勢いをなくしてしまいました。

それが、私の生まれ育った故郷をとりまく現在の光景です。

１９６８年、その神田の街で私は全共闘に「成」りました。

１９６８年に沸騰した日大闘争に参加し、神田三崎町に建つ日大法学部三号館にバリケードを築き、ＪＲお茶の水駅近辺の路上では敷石を幾重にも積み上げて神田カルチェラタン闘争を展開し、急激に変貌していく神田という「まち」とともに高度経済成長という名の破壊行為に異議申し立ての声を挙げました。一九六九年二月に法学部のバリケードが機動隊によって撤去された後も、およそ十年ほど、神田須田町の実家で暮らし続けました。

＊＊＊

歳月は流れ、私が全共闘に成った1968年から五〇年が経ちました。

その二〇一八年六月一〇日に、神田の街で「日大全共闘結成五〇周年の集い」が開催されます。日大全共闘は、1968年の五月二七日に神田を横切る白山通りの路上で議長に名乗りでた秋田明大さんによって結成が宣言されました。その時点から現在まで「我らずーっと日大全共闘」を名乗る面々によって日大全共闘は持続しています。

私は経済学部で起こった「栄光の二百メートルデモ」は知りませんが、日大全共闘の結成が宣言された1968年五・二七の路上集会に参加し、六・一一の「血の弾圧」を目のあたりにして法学部三号館にバリケードを築き、初日から籠城生活を続けることになりました。七・二一には神田警察署への抗議行動で六七名もの逮捕者がでますが私はその一人となり、夏休みを経た九・四の機動隊導入には徹底抗戦を挑んで再び逮捕されます。三泊四日で釈放され九・一二の法・経奪還闘争に加わってバリケードを再構築し、9・30に日大講堂で大衆団交を実現しました。一一・八には右翼暴力団「関東軍」の芸術学部襲撃を始発電車で駆けつけ撃退し、一一・二二「日大・東大闘争勝利全国学生総決起大会」には日大全共闘の隊列とともに東大安田講堂前へとデモ隊を進めました。一九六九年一・一八、一九は安田講堂の徹底抗戦に呼応しお茶の水で神田カルチェラタン闘争を展開し、九・五に日比谷野外音楽堂で開催された「全国全共闘結成大会」に参加し、九・三〇に全国全共闘と日大全共闘が共催した「9・30大衆団交一周年法・経奪還闘争」で逮捕・起訴され、約一〇ヶ月にわたって府中刑務所に収監されて、一九七〇年七月一〇日に下獄したのでした。

日大全共闘の一人として、私はそのように叛乱の時代を駆け抜けました。

まるで日大闘争の推移を複写したかのように、私の疾走した日大闘争が闘争経過と併走しています。私という単独者によって選択された履歴と日大闘争が重ねていった闘争経過との共鳴ぶりは、まるで私が日大闘争に導かれた全共闘の「申し子」であるかのようにすら感じてなりません。それらは、地の利に日程に健康にといくつもの偶然や幸運に恵まれなければ出会えなかった経験でした。日大闘争が遭遇した数々の出来事に主人公の一人として参加できた幸せは、私が神田須田町の実家と神田三崎町のバリケードとを行き来しながら寝起きする暮らしを続けていたからに他なりません。お陰様で、五〇年にもわたってその恩恵を抱えながら、心地のよい人生を歩んでくることができました。

『全共闘、1968年の愉快な反乱』は、私がそのように日大全共闘として全力で走り抜けた時間と、その喜ばしき幸運にどう向き合い考えてきたのかを記した記録です。

1968年以降、神田の「まち」はどうなっていったのか。

神田は、路面電車や商店を喪失しただけではありませんでした。

一九六九年二月には日大全共闘のバリケードが機動隊によって撤去されます。

白山通りに面して店をかまえ秋田明大著『獄中記――異常の日常化の中で』の発売元となったウニタ書舗や村上洋子さんがウエイトレスをしていたジャズ喫茶『響』も店を閉め、かつて文化と闘争のかおりを求めてやって来た若者たちの姿もあまり見られなくなりました。１９６８年六月一一日に日大全共闘がはじめにバリケードを築いた法学部三号館の校舎も、二〇一七年から解体工事がはじまり今は跡形もありません。

ところが、およそ五〇年ぶりに復活をとげた神田もあります。

千代田区では区域の北半分に当たる旧・神田区を郵便配達の効率化などを理由に、三崎町は一九六七年から猿楽町は一九六九年から「神田」の名称をなくしましたが、地域住民からの強い要請に応えて二〇一八年の元旦から、神田三崎町・神田猿楽町とかつての町名を復活させたのでした。

こうして日本大学発祥の地は、二〇一八年に改めて神田三崎町となりました。

一方、その神田三崎町に建つ経済学部を発火点に沸騰した日大闘争の関連資料が、二〇一七年に「近現代日本の社会運動資料」として国立歴史民俗博物館に収蔵されることになりました。一万五〇〇〇点余に及ぶ資料を収集・整理して寄贈したのは「日大闘争を記録する会」の日大全共闘たちでした。１９６８年に沸騰した日大闘争は、五〇年を経て、日本における近現代の社会運動を語るうえで重要な歴史上の出来事として記録されることになったのでした。

それは、これから「神田三崎町」という地名が、日本大学発祥の地としてだけではなく、日大闘争と全共闘運動の発祥地としても注目され語られる名所として名をとどめたことに他なりません。

日本大学は、この現実をどれほどの「名誉」として受け止めているのでしょうか。

二〇一八年に、目出度くも三崎町は「神田三崎町」として復活をとげました。しかし神田は、「まち」を横切って走る路面電車をすでに喪失してしまいました。都電という移動手段の喪失は、ただ路面電車が消えたというだけの出来事ではありませんでした。少なくとも幼年から少年そして青年へと神田の街とともに育ってきた私には、さまざまな出会いや季節とともに移ろいゆく街並みや風景との別れであり喪失だったのです。神田の街から、他者への配慮やご近所と日常的にふれ合う機会がなくなっていった時代と重なるように、都電は姿を消していきました。

「都心の下町神田の住人にとって都電は、玄関から道路に出て、ちょいと歩いた先にある停留所から気楽に乗れる、簡便な移動手段だった。走り出すと、外の街並みや景色が見えた。季節を感じたり、商店の新築を知ったり、幼なじみが歩いている姿を目撃することもあった。デモに出合うことだって、あった。そうした、四季の移り変わりや町並みや通行人や街の出来事にまったく出合うことのない地下鉄へと、移動手段が変わっていった。窓の外との交流は、地下鉄によって途絶えた。

（『路上の全共闘　１９６８』）

現在の東京の「豊かさ」とは、かつてあった心地のよい東京暮らしを殺した犠牲の上に成り立っているように思えてなりません。都電の喪失とは、近代化と高度経済成長を理由にした街の破壊の最後通告であり、東京を世界の中心都市へと改造していく骨格としての道路と神経となる地下鉄の整備事業を軸に進められていったのでした。

近代化と利便性をうたい文句にした「まち」の破壊行為を東京が受け入れざるを得なくなった曲り角は、一九六四年に開催された東京オリンピックでした。その犠牲となった愚行がどのように決着したかは、今も日本橋の上で天空をさえぎって通行人におおいかぶさる高速道路を見れば明らかでしょう。

では、二〇二〇年に開催される東京オリンピックはどうなのか。

故郷を追われ、今は郊外へと移住した私から、今度は何を奪おうというのか。

金と利権にまみれた東京改造の歴史は、だからといって喪失ばかりを押し付けただけで終わりませんでした。1968年に私は、故郷である東京の歩道をおおってしまったコンクリート平板の敷石を砕いて飛礫《つぶて》をつくり、異議申し立ての狼煙《のろし》をあげました。積み重ねた敷石をバリケードに転用することで、叛乱の時代を創出しました。現場工事用に使われていたヘルメットを塗り替えて防護用にかぶり、建築資材用の角材をゲバ棒へと変身させて全共闘スタイルを創り上げたのでした。

では現在、東京オリンピックにあわせて進行中の東京改造は、次にどんな異議申し立てを登場させるのでしょうか。その主人公を全共闘世代が演ずるには余命残り僅かですが、敷石の飛礫と角材のゲバ棒を振るった経験を語る時間ぐらいはまだあるでしょう。

まずは「無垢なる魂」が創出した愉快な叛乱の物語が、数多く語られ拡散すること。1968年や全共闘運動が創出した自主的で自律した直接自治運動の心地よさが広く開示されていけば、愉快な叛乱への「共感」はもっと育まれ拓かれていくでしょう。

「共感」とは単なる同調では終わりません。1968年の異議申し立てに「共」に「感」じる次元を越えて寄り添い共鳴したとき、魂にふれる「共感」へと身体と感覚を跳躍させていく運動が自然に生まれてくるでしょう。1968年を起点にして全共闘運動が一気に沸騰したように、いつの日にか「無垢なる魂」が異議申し立ての狼煙をあげる時代が必ずまたやってきます。

その瞬間、魂にふれる「共感」の彼方から、新たなる全共闘たちが登場するでしょう。

私は『全共闘、1968年の愉快な叛乱』を、その手助けとなるように願いながら執筆しました。

本書の出版が、1968年に神田の路上で突如として出現した日大全共闘の結成五〇周年を迎える二〇一八年に刊行できたことは何よりの喜びでした。また本書は、日大闘争と全共闘運動をめぐって「日大930の会」が開催してきた公開座談会などをまとめたもう一冊の私の編著書『日大闘争と全共闘運動――日大闘争公開座談会の記録』と二冊同時に刊行していただく幸せにも恵まれました。

二〇一七年、国立歴史民俗博物館に一万五千点余の日大闘争関連資料が「日大闘争を記録する会」によって寄贈されましたが、そのビラ、パンフレット、ヘルメットなどの収蔵品に血液と体温のぬくもりを送りこもうと思いを込めて、私は二冊の書籍を執筆しました。同時発売となった二冊の書籍は、編集を担当していただいた出口綾子さんから世代間を越えて読まれる作品になるようにとの貴重な助言をいただきました。とても丁寧に制作に携わっていただいた出口綾子さんをはじめ二冊の刊行と販売にお力添えをいただきました彩流社の皆さんに、心より御礼を申し上げます。

春うらら「清明」のころ

三橋俊明

◎編著者プロフィール
三橋 俊明（みはし・としあき）
1947 年、神田の生まれ。1968 年、日大闘争に参加し全共闘に成る。1973 年、田村正敏日大全共闘書記長と無尽出版会を設立し『無尽』刊行。『週刊ピーナツ』事務局、アジア・アフリカ作家会議を経て、日大闘争を記録する会の仲間と『日大闘争の記録——忘れざる日々』を刊行中。
主編著：『日大闘争と全共闘運動——日大闘争公開座談会の記録』（彩流社）、『路上の全共闘 1968』(河出書房新社) 他多数。

〈写真提供〉
グラフ『日大闘争』、ブルースモーク、無尽出版会
『解放区 68——日大闘争の記録』

全共闘《ぜんきょうとう》、1968年《ねん》の愉快《ゆかい》な叛乱《はんらん》

2018年6月11日　初版第一刷

著　者　三橋俊明 ©2018
発行者　竹内淳夫
発行所　株式会社 彩流社
〒102-0071 東京都千代田区富士見2-2-2
電話　03-3234-5931
FAX　03-3234-5932
http://www.sairyusha.co.jp/

編集　出口綾子
装丁　yamasin(g)
印刷　明和印刷株式会社
製本　株式会社村上製本所

Printed in Japan　ISBN978-4-7791-2478-5 C0030
定価はカバーに表示してあります。乱丁・落丁本はお取り替えいたします。

本書は日本出版著作権協会（JPCA）が委託管理する著作物です。
複写（コピー）・複製、その他著作物の利用については、事前に JPCA（電話03-3812-9424、e-mail:info@jpca.jp.net）の許諾を得て下さい。なお、無断でのコピー・スキャン・デジタル化等の複製は著作権法上での例外を除き、著作権法違反となります。

《彩流社の好評既刊本》

日大闘争と全共闘運動　日大闘争公開座談会の記録

三橋俊明 著　978-4-7791-2477-8（18. 06）

「『1968』無数の問いの噴出の時代」展（国立歴史民俗博物館）に1万5000点余の関連資料を寄贈した「日大闘争を記録する会」が、秋田明大議長をはじめとする闘争参加者と対話し全共闘運動の経験を語り合った貴重な記録。　四六判並製1900円＋税

誤報じゃないのになぜ取り消したの？

原発「吉田調書」報道を考える読者の会と仲間たち 編著　978-4-7791-2213-2（16. 03）

東電や政府が決して公表しようとしなかった情報を白日の下にさらし、原発再稼働に一石を投じる重要な報道を経営陣が取り消した行為は、市民の知る権利の剥奪にもつながる、ジャーナリズムの危機であった。日大全共闘も関わった本。　A5判並製1000円＋税

回想の全共闘運動

978-4-7791-1685-8（11. 10）

今語る学生叛乱の時代　『置文21』編集同人 編 編著

竹島／中大、東京教育大、慶應大、日大の当事者の回想を中心に、個別大学の闘争の事実に立脚し、かつ大学を超えた討論を付して大運動の実像を伝える。40余年の時を越えて贈る若い世代への全共闘世代よりの最後の資料提供。　A5判上製2500円＋税

青春　１９６８

978-4-7791-2453-2（18. 04）

石黒 健治 写真・文

1968年の時代と人々を記録する写真集。五木寛之序文。（収録者）寺山修司、唐十郎、カルメン・マキ、戸川昌子、吉永小百合、水上勉、北杜夫、大岡昇平、岡村昭彦、高倉健、藤純子、若松孝二、つげ義春、浅川マキ、横尾忠則、深沢七郎、三島由紀夫ほか多数　B5判並製3200円＋税

〈越境〉の時代　大衆娯楽映画のなかの「1968」

小野沢 稔彦 著　978-4-7791-2437-2（18. 02）

1968年は世界の若者たちの意識が連動した「革命」の時代だった！　本書は映画に内包された〈この時代〉の課題を取り出し、問い直し、激動の時代の文化を政治的に見つめ、いまもなお持続する「問い」として正面から思考する試み。　四六判並製2500円＋税

思想の廃墟から　歴史への責任、権力への対峙のために

鵜飼哲・岡野八代・田中利幸・前田朗 著　978-4-7791-2440-2（18. 04）

民主主義の中には悪魔が隠れている。戦争責任、戦争犯罪、象徴天皇制、「慰安婦」問題、自衛隊、沖縄米軍基地、核兵器、原発再稼働……私たちの民主主義とはいったい何だったのか。何度も問われてきたはずの問いを、今また問い続ける　A5判並製1000円＋税